DR. ALFRED J. BIERACH
Kopf hoch!

Von DR. ALFRED J. BIERACH sind im Ariston Verlag
bereits erschienen:

Hinter der Maske: der Mensch
Durchschauen Sie Verstellungen und Rollenspiel!

In Gesichtern lesen
Menschenkenntnis auf den ersten Blick

Das gewisse Etwas
Die starke Persönlichkeit – eine Sache der Übung

Alarmsignale der Seele
Krankheit als Lebenshilfe

Dr. Alfred J. Bierach, geboren 1924 in Regensburg, studierte
Psychologie und Pädagogik, arbeitete in internationalen Kon-
zernen als Personalleiter und Marketingchef und ist jetzt in eigener Praxis am Bodensee als Psychotherapeut tätig. Außerdem
hält er regelmäßig Seminare und schreibt Bücher zu Themen
der angewandten Psychologie.

Dr. Alfred J. Bierach

Kopf
hoch!

**Übungsbuch für ein
gesundes Selbstbewußtsein**

Ariston Verlag

Die Deutsche Bibliothek – CIP-Einheitsaufnahme

BIERACH, ALFRED J.:
Kopf hoch!:
Übungsbuch für ein gesundes Selbstbewußtsein / Alfred J. Bierach. –
Erstauflage – Kreuzlingen; München :
Ariston Verlag, 1997
ISBN 3-7205-1959-7

© Copyright 1997 by Ariston Verlag, Kreuzlingen

Gestaltung des Einbandes:
Egon Meichtry, Zürich
Umschlagphoto: Prisma, Zürich

Satz: Verlagsservice G. Pfeifer & EDV-Fotosatz Huber, Germering
Druck und Bindung: Ueberreuter Print

Erstauflage März 1997

ISBN 3-7205-1959-7

Inhalt

Einführung

Kürzlich las ich in einer russischen Zeitung die Annonce: »Tausche bronzene Stalin-Büste gegen warmes Bett.« Und daneben versprach ein Witwer Zuneigung sowie Auto gegen hausfrauliche Aktivitäten in seiner Wohnung und im Falle von Liebe Aufnahme in dieselbe. Beide Inserenten boten etwas an und erwarteten, im Gegenzug etwas anderes dafür zu bekommen. Sie erstrebten *Kompensation*, das heißt: Ausgleich, Aufwiegung.

Die in der schönen Literatur am häufigsten und blumenreichsten beschriebene Art von Kompensation ist der Austausch von Verlangen gegen Verlangen, gemeinhin Liebe genannt. Aber damit beschäftigt sich dieses Buch nicht. Es befaßt sich vielmehr mit einem viel bedeutenderen Thema als Liebe und Hunger (den zwei stärksten Triebkräften, wie oberflächlich behauptet wird). Es handelt von jener Erscheinung, um derentwillen Hunger, Durst und sexueller Frust freiwillig auf sich genommen werden: Gemeint ist der *Geltungstrieb*, immer begleitet von dem quälenden Gefühl, zuwenig zu taugen oder aber mehr zu taugen, als die anderen anerkennen. Es beschäftigt sich mit den kleinen und großen Tricks, die meist unbewußt angewandt werden, um mehr Macht zu erlangen. Unser Thema sind die Spiele um Macht, nicht nur im Staat oder in der Gemeinde, sondern auch die viel subtileren Formen des Machttriebs, deren sich schon das Kleinkind bedient, wenn es die Mutter ans Bettchen zitiert.

Macht ist nicht zuletzt die Stärke der Schwachen. Minderwertigkeitsgefühle sind Ausdruck von Schwäche und dürsten deshalb nach Macht, ganz gleich in welcher Form. Und Kompensation wurde bisher nur als das Bemühen, wirkliche oder vermeintliche Mängel durch besondere Leistungen auf anderen Gebieten auszugleichen, vorwiegend im klinischen Bereich, abgehandelt, wobei diese »besonderen Leistungen« allerdings auch in Fehlleistungen bestehen können. In diesem Buch werden Sie dagegen von verschiedenen Formen der Kompensation und deren geheimen Machenschaften erfahren.

Das Thema Kompensation wird also durch die Einbeziehung von Rationalisierungen, Entwertungstendenzen, Sublimierungen und Verarbeitung von Erlebnissen wesentlich erweitert.

Im Gegensatz zu Chemie und Physik herrschen in der Biologie – und die wissenschaftliche Psychologie ist eines ihrer Teilgebiete – nur wenige absolute Gesetze, dafür um so mehr *Gesetzmäßigkeiten*, also nicht mit absoluter Sicherheit, sondern nur mit großer Wahrscheinlichkeit zu erwartende Folgen von Ursachen. Bei der Quantifizierung von biologischen Erscheinungen sind deshalb Schätzungen unumgänglich, manchmal sogar bloße Vermutungen. Bei einem Infekt kann der Arzt die Abwehrkraft des Organismus und die Virulenz der Erreger nur schätzen, doch trotz des Fehlens von mathematischer Genauigkeit vermag er etwas über die Krankheit auszusagen.

In einem Buch wie diesem geht es nicht ohne Beispiele, etwa welche Kapriolen ein ungenügend kompensierter Minderwertigkeitskomplex da und dort schlägt oder wie jemand seine Gefühle der Minderwertigkeit glücklich kompensiert. Ich stand vor der Frage: Woher die Beispiele nehmen? Aus meiner psychotherapeutischen Praxis? Dann müßte ich die individuellen Vorgeschichten schildern und von Menschen erzählen, die niemand kennt, ja, niemand erkennen darf. Deshalb entschied ich mich für allgemein bekannte Fälle, das heißt für historische

Fälle, die wohl den meisten Lesern und Leserinnen vertraut sind. Und es ist immer interessant, diese Personen in einem anderen Licht zu sehen oder eigene Vermutungen bestätigt zu bekommen.

Allerdings könnte es dabei auch die eine oder andere Überraschung geben, denn selbst die »Lieblinge der Götter« – nennen wir stellvertretend nur drei: ARISTOTELES, GOETHE, MOZART – litten an ihren Unzulänglichkeiten und schufen sich nicht zuletzt deshalb eine schönere, bessere Welt. Sehr verkürzt formuliert: Ohne Kompensation von Gefühlen der Unzulänglichkeit gibt es keine großen Leistungen, natürlich Talent oder Genialität vorausgesetzt. Wir wissen aber nicht, wie viele große Begabungen ungenutzt bleiben, weil diese antreibende »Peitsche« fehlt.

Einige Zitate aus berufenem Munde mögen obige Theorie bestätigen:

O »Ich begreife nicht, wie ein wahrhaft glücklicher Mensch auf den Gedanken kommen soll, Kunst zu machen« – RICHARD WAGNER
O »Innere Qual ist der Mutterschoß unsterblicher Werke« – ARTHUR SCHOPENHAUER
O »Nur was brennt und sengt, kann mir Nahrung geben« – MICHELANGELO
O »Glück schreibt schlecht« – MARCEL PROUST
O »Eine unglückliche Jugend ist die beste Voraussetzung für die Karriere eines Schriftstellers« – ERNEST HEMINGWAY

Die vielen historischen Beispiele von kompensierten Minderwertigkeitskomplexen können für Ehrgeizige ein Anreiz zur Nachahmung sein. Und schließlich ermöglicht uns die Erkenntnis der Zusammenhänge von Minderwertigkeitskomplex und Macht, die politischen Freunde und Feinde mit der psychologischen Lupe zu sehen, was diesen nicht immer gut bekommen wird.

Auch im fünften Teil des Buches, im Therapieteil für jene, die an sich etwas verändern wollen, gehe ich neue Wege. Kommt jemand mit ausgeprägten Streßsymptomen zum Arzt, werden ihm oft ein abendlicher Spaziergang und eine philosophische Betrachtungsweise seiner Probleme empfohlen, und in Selbsthilfebüchern finden Halbverzweifelte gelegentlich Vorschläge wie: »Du muß an nur dich glauben!«, »Denke positiv!« »Weigere dich, ein Opfer zu sein!«, »Setze dich durch!« Ich kann mir gut vorstellen, daß sich bei solchen Empfehlungen schon viele Leser gedacht haben: »Können vor lachen!«

Um Gefühle und Komplexe von Minderwertigkeit in den Griff zu bekommen und zu kompensieren, müssen manchmal ganz neue Fundamente und Wände gesetzt – und nicht nur alte angemalt oder tapeziert werden. Dafür sind Analysen, in unserem Fall Selbstanalysen, erforderlich, und anschließend ein Training für neue Verhaltensweisen.

Sollte jemand die unerwünschte Entdeckung machen, daß auch ihn offenbar Minderwertigkeitsgefühle viel stärker motivieren, als er gedacht hat, möge ihn die Tatsache trösten, daß er sich mit diesem Weh in der allerbesten internationalen Gesellschaft von Königen und Kaisern, Philosophen, Schönen und Schönsten, umjubelten Tyrannen und gezähmten Demokraten befindet – eigentlich in Gesellschaft aller Menschen, wenn das Wort von ALFRED ADLER stimmt: »Mensch sein heißt, an Gefühlen der Minderwertigkeit zu leiden.«

ERSTER TEIL   Warum ist Kompensation nötig?

1. Kompensation ist naturgewollt

In der Schule wurde uns erzählt, daß DEMOSTHENES, der wohl größte Redner der Weltgeschichte, mit einem Kieselstein im Mund sein Stottern wegtrainierte, seine schwächlichen Stimmbänder durch lautes Deklamieren stählte, bis er die Brandung des Meeres übertönen konnte, und sich unter die Spitze eines Schwertes stellte, die ihn jedesmal stach, wenn er mit seiner nervösen Schulter zuckte.

Damals fiel nicht das Wort »Kompensation«, aber der kleingewachsene Lehrer meiner Klasse lieferte uns täglich selbst Beispiele dafür: Die Absätze seiner Schuhe waren respektabel hoch, und er hatte einen kerzengeraden Gang, immer den Kopf erhoben, als schaute er auf uns Schüler herab, die wir schon größer waren als er. Selbst die geringste Mißachtung seiner Autorität bestrafte er mit Ohrfeigen, so überrumpelnd schnell, daß selbst ein Boxtalent sie nicht hätte abwehren können. Dieser Mann blieb mir bis zum heutigen Tag in Erinnerung, da ich ihm auch eine der größten Erkenntnisse verdanke. Um es mit den Worten einer spanischen Lebensweisheit auszudrücken: »Sage mir, was du dir wünschst, und ich sage dir, was dir fehlt.« Unserem Lehrer fehlten 15 Zentimeter...

Was fehlte Demosthenes? Mit sieben Jahren verlor er seinen Vater, einen attischen »Industriellen«. Von seiner Mutter wissen wir nur, daß sie Ausländerin war – die Athener nannten solche Leute »Barbaren« und schauten auf sie herab. Ob sich der kleine Demosthenes dieser Abstammung schämte? Als Waise erhielt er Vormunde, die ihn aber um sein Erbe betrogen. Er schwor sich, sein Vermögen zurückzuerobern, wenn er einmal vor Gericht auftreten dürfte. Natürlich gab es Rechtsanwälte in Athen, aber ein freier Mann sollte sich darauf verstehen, für seine Sache selbst einzutreten.

Ein angewachsenes Zungenband, Stottern, eine schwache Stimme – und das in einem Land, wo das freie und flüssige Reden entscheidend für (juristische) Erfolge war! Ein nervöser Tic in der Schulter – peinlich in einem so schönheitstrunkenen Volk! Und von denen betrogen, die für sein Recht sorgen sollten! Alles in allem hatte Demosthenes einen schlechten Start. Er aber kompensierte alle diese »Mängel«, verhalf sich selbst zu seinem Recht und dann zu Ruhm und Unsterblichkeit.

Frustration als Auslöser

Frustration entsteht, wenn man etwas will, es jedoch nicht erreicht, weil man daran gehindert wird – von einem Widerstand, einer Ungerechtigkeit, eigenem Unvermögen, wie – im Falle Demosthenes' – einer sehr schwachen Stimme, die für öffentliches Auftreten ungeeignet ist. Dies kann dann ein Gefühl von Minderwertigkeit erzeugen. Und Gefühle der Minderwertigkeit verursachen Angst: die Angst, nicht bestehen zu können. Ängste wiederum haben entweder die Tendenz, zur Aktivität anzustacheln, oder aber zu lähmen, je nach Ausgangslage und individueller Reaktion.

Minderwertigkeitsgefühle entstehen immer durch Vergleiche. Ein Beispiel: Ich habe einen Kropf, und alle anderen haben keinen Kropf. Ich lasse mich operieren, obgleich mir der Kropf keine körperlichen Beschwerden bereitet. Ein Geologe jedoch kam einmal in ein Andenhochtal, in dem alle Bewohner dicke Hälse hatten. Sein strumaloser Hals wurde eine kleine Sensation, über die nicht nur die Kinder auf der Straße kicherten.

Der Bedarf nach Kompensation wächst mit der Intelligenz. Ein Schüler fühlt sich beispielsweise nicht dümmer als das Gros der Klasse, im Gegenteil: In einigen Fächern zählt er zu den Besten. Nur im Werkunterricht macht sich der Lehrer immer wieder lustig über seine unsauberen Schweißnähte. Da packt ihn der Ehrgeiz: »Das wäre doch gelacht, wenn ich nicht auch eine saubere Schweißnaht hinkriegen könnte!« Wäre dieser junge Bursche auf allen Gebieten Mittelmaß, würde er wahrscheinlich nicht so sehr dagegen angehen, in einem weiteren Fach Mittelmaß zu bleiben.

ANGELUS SILESIUS dichtete zur Zeit des Dreißigjährigen Krieges:

»Vor jedem steht ein Bild, dess, was er werden soll.

Eh er das nicht erfüllt, ist nicht sein' Ruhe voll.«

Solch ein »Bild« könnte darin bestehen, nie mehr ausgelacht oder »untergebuttert« zu werden; dem anderen Geschlecht zu gefallen; gut zu verdienen; einmal »wer« zu sein und so weiter.

Die Gebrüder GRIMM stellten eine Liste auf, woran es den Göttern und Helden der Germanen fehlte: Odin einäugig, Tyr einhändig, Loki lahm, Hödr blind, Vidar stumm, Hagano einäugig, Walkeri einhändig, Günthari und Wieland lahm. Mit solchen Defekten muß man sich ja anstrengen und was werden ... (siehe Anhang).

GOETHE war bekanntlich kurzsichtig. Also kompensierte er diesen »Makel«: Er riß die Augen weit auf, was ihm den berühmten beherrschenden Blick verlieh, und konzentrierte sich aufs Beobachten; er wurde zum Augenmenschen.

Kompensation als dialektischer Prozeß

Den dialektischen Prozeß von Kompensation macht uns Goethes Beispiel deutlich: »Ich kann nicht gut sehen« (These) – »Ich möchte alles sehen« (Antithese) – »Das ist mit meinen Augen unmöglich. Also sehe ich geistig! Dazu bin ich wie kein anderer begabt« (Synthese).

Blinde entwickeln ein besonderes Raumgefühl, sie »sehen« Dinge, die wir übersehen, etwa eine leichte Unebenheit auf dem Bürgersteig, die als Orientierungspunkt gelten könnte. Blinde haben aber auch einen geschärften Tastsinn, und das nicht erst nach der Erfindung der Brailleschrift. Sie hören im allgemeinen auch besser, weil Ohren teilweise die Augen ersetzen können. Einer meiner Studienkollegen war blind. Was der in einem Gespräch mit einem Probanden nicht alles gehört hatte, was uns Sehenden entgangen war! Die geringste Änderung in der Tonlage, ein kurzes Zögern, ein leichtes Pressen, eine ungewöhnliche Wortwahl oder Wortstellung – nichts blieb ihm verborgen.

Evolution ist immer die Reaktion auf Frust. Und wenn Kompensation auch von Frust ausgelöst wird, könnte dann Evolution nicht etwas mit Kompensation zu tun haben?

Zwei Beispiele mögen dies erläutern: In heißer werdenden Gegenden entwickeln Pflanzen immer weniger, dafür aber dickere Blätter mit weniger Poren und einer dickeren Wachsschicht: Dadurch verdunsten sie nur noch ein Minimum an Flüssigkeit und können überleben. Und in sonnenarmen Gegenden wenden sich die Pflanzen immer der Lichtquelle zu (Photosynthese). Bei zuviel Sonnenlicht aber reduzieren einige Arten ihre Fläche, um einerseits genügend Energie für die Photosynthese aufzufangen, andererseits jedoch nicht durch die Hitze zu verdorren.

Sogar das unterschiedliche Aussehen der menschlichen Rassen ist auf die *evolutionäre Kompensation* zurückzuführen; so ist in Äquatornähe dichtes Kopfhaar von Vorteil, in anderen Bereichen dagegen eher dünneres. Daß sich bei Kälte meine Haut zusammenzieht (»Gänsehaut«) oder sich die Gans aufplustert, ist eine ähnliche Maßnahme zum Schutz gegen übermäßigen Wärmeverlust. Und daß der Blinde besser hört oder der Schwerhörige besser beobachten kann, geht auf die gleiche Taktik zurück.

Jeder Organismus hat die Tendenz zur Selbstregulation. Weicht der Istwert vom Sollwert ab, versucht der gesunde Organismus mit den unterschiedlichsten Taktiken, den Sollwert wiederherzustellen. Sein Ziel ist die *Homöostase* (Konstanterhaltung) der wichtigsten Lebensvorgänge.

Daß wir Menschen wurden, war die Folge von unzähligen evolutionären Ereignissen, von Kompensationen, vom Austausch ungeeignet gewordener Verhaltensweisen oder Organen gegen zweckmäßigere. Der Tod ist eingetreten, wenn ein Organismus die Fähigkeit verloren hat, zu kompensieren. Die Psyche steht ebenfalls unter dem Gesetz der Homöostase. Wie unser Körper will auch die Seele Mängel durch besondere Taktiken kompensieren.

2. Minderwertigkeitsgefühle und Erziehung

Der Vater war Alkoholiker und betrunken unausstehlich. Er war sehr oft betrunken. Die Mutter trennte sich von ihm und tröstete sich mit Drogen. Von klein auf erlebte die Tochter ihre Umwelt als eine Serie von Alpträumen. Wenn es ihr zuviel wurde, ging sie zur Großmutter, einer alleinstehenden Frührentnerin, auf die Verlaß war. Nach den üblichen Kriterien hätte das Mädchen schlimm enden müssen. Doch: Es machte eine Lehre, nebenher die Mittlere Reife und wurde Atemtherapeutin.

An der Universität Erlangen-Nürnberg fanden die Wissenschaftler FRIEDRICH LÖSCH und THOMAS BLIESENER heraus, daß es streßresistente und streßunresistente Kinder gibt – was nicht weiter verwundert. Neu aber an ihren Forschungsergebnissen: Es besteht kein großer Unterschied zwischen beiden Gruppen!

Kinder werden auch mit einer für sie sehr negativen Umwelt gut fertig, wenn drei Faktoren – sogenannte *Protektivfaktoren* – gegeben sind:

○ Das Kind braucht eine Bezugsperson, auf die es sich immer verlassen kann. Diese Bezugsperson muß nicht unbedingt die Mutter oder der Vater sein.
○ Dem Kind müssen Verletzungen seiner Selbstachtung erspart bleiben.

O In für das Kind schwierigen Situationen darf es nicht auch noch durch die Geburt eines Geschwisters belastet werden.

Im Vergleich mit Altersgenossen zeichnen sich streßresistente Kinder durch ein Quentchen mehr Intelligenz, Aktivität, Unabhängigkeit und Realitätssinn aus, aber, wie gesagt, nicht wesentlich. Je früher das seelische Immunsystem eines Kindes durch schädigende Einflüsse erschüttert wird, als desto langwieriger erweisen sich seine Schwierigkeiten, zum Beispiel Aggression, Impulsivität oder Konzentrationsmangel. Widersteht das Immunsystem dagegen länger den Belastungen, sind die Folgen harmloser, und eine Fremd- oder Selbsttherapie ist erfolgversprechender.

In den USA gilt folgende »Karriere« als Norm (natürlich nur für entsprechend Gefährdete): im Alter von vier Jahren auffällig im Verhalten – mit 14 Jahren regelmäßiger Alkoholkonsum – mit 21 Jahren Alkoholiker. Alkohol kann analog durch andere Drogen ersetzt werden.

Betrachten wir nun einige Störfaktoren, die auch »in den besten Familien« bei der Kindererziehung vorkommen und die geistig-seelische Entwicklung eines Kindes negativ beeinflussen können. Dabei beschränken wir uns hier auf Situationen, welche die Entstehung eines guten Selbstwertgefühls beeinträchtigen.

O Die Hintergründe des Pillenknicks: Mit der Einführung der Antibaby-Pille gingen die Geburtenzahlen stark zurück, übrigens in katholischen Gegenden genauso signifikant wie in protestantischen. Es wiederholte sich, was Jahrzehnte zuvor aufgetreten war, als mechanische Verhütungsmittel für die Arbeiter- und Kleinbürgerklassen zugäng-

lich wurden. Beide Ereignisse unterstreichen, daß viele zuvor gezeugte Kinder unerwünscht waren. Gewiß, nach dem
ersten Schrecken über die ungewollte Schwangerschaft mel-
dete sich nach und nach die Mutterliebe für das Werdende,
doch ein unerwünschtes Kind wird auch von liebenden Müt-
tern oft unbewußt abgelehnt.

○ Eine sich überfordert fühlende Mutter läßt dies das Kind
  auch gegen ihren Willen spüren.

○ Gelegentlich jammern Mütter aus »besseren Kreisen«, die
  »unter ihren Verhältnissen« geheiratet haben, auch vor Kindern über ihren sozialen Abstieg. Vielleicht hört dann ein
  Kind sogar heraus – berechtigt oder nicht –, es selbst sei
  schuld am ganzen Unglück der lieben Mama.

○ Kinder können ihre angebliche Unzulänglichkeit sehr früh
  von tyrannisierenden Geschwistern erfahren oder auch von
  den Eltern, die ein Geschwister bevorzugen.

○ Das Kind, das vorzeitig lesen, schreiben, rechnen oder sonst
  etwas lernen soll, aber dieser Überforderung nicht gewachsen ist, erfährt Serien von Mißerfolgen, die sein Selbstwertgefühl erschüttern. Manches Kind wird aber auch zum früh-
  zeitigen Star, etwa im Kindergarten, findet dann jedoch in
  der Grundschule seinen Meister, versagt – und verliert an
  Selbstachtung.

○ Mädchen haben weniger Identifikationsprobleme als Jungen. Das Mädchen identifiziert sich mit seiner Mutter,
  während der Junge lernen soll, seinen Vater zu imitieren. Aber
  wenn der nicht da ist? Auf alle Fälle sieht er ihn normaler-
  weise seltener als weibliche Bezugspersonen.

○ Arges Leid kommt über ein Kind, das als Waffe im Streit
  der Eltern benutzt wird und abwechselnd die Herab-
  setzung eines Elternteils durch den anderen erfährt, obwohl doch beide lieb zu ihm sind und es zu beiden lieb sein
  will.

O Ein Kind aus gesellschaftlich höhergestellten Kreisen kann das Selbstwertgefühl eines anderen Kindes schädigen: »Wie arm und unbedeutend sind wir im Vergleich zur Familie meines Freundes, meiner Freundin!« Ebenso fatal ist es, ständig von den Eltern hören zu müssen, wie man ausgenutzt, ausgebeutet, geringschätzig behandelt wird – und daß auf einen selbst das gleiche Schicksal wartet. Nicht von ungefähr ist hoher Blutdruck unter der schwarzen Bevölkerung der USA überproportional verbreitet – aber nicht in Afrika, wo sich Schwarze nicht schämen müssen, schwarz zu sein.

O Liebesentzug (Strafe und/oder »Schmollen« der Eltern) kann Gefühle der Vernichtung auslösen. Ein Beispiel: Babsi, dreieinhalb, ißt Pflaumenkompott. »Jetzt reicht's aber«, sagt die Mutter. Babsi ißt ungerührt weiter. »Du bist böse, du denkst nicht an deinen kleinen Bruder und an Papa.« Ein solcher Hinweis verliert momentan für das Kind an Bedeutung bei seinem Appetit auf Pflaumenmus – Babsi mampft weiter. Da reißt ihr die Mutter die Schüssel weg und gibt ihr einen Klaps auf die Hand. Babsi weint einige Minuten lang, dann spielt sie mit ihrer Puppe.
Ein unbedeutender Vorfall – so scheint es. In Wirklichkeit ein folgenschweres Ereignis, denn Babsi hängt noch sehr stark von ihrer Mutter ab und registriert (bewußt oder unbewußt) alles, was diese sagt und tut, vor allem wenn diese Botschaften häufig wiederholt werden. Dabei spielen nicht nur die Worte, sondern vielleicht mehr noch der Ton, die Untertöne, die Energie in der Stimme eine Rolle. Was hat Babsi in Wirklichkeit vernommen? Gute Sachen zu essen ist schlecht. Dafür wird man bestraft. Da fühlt sich auch die Mama schlecht ... Und das hat Folgen, denn: *Wir lernen von unseren ersten Erziehern, wie wir uns fühlen müssen.*

Selbsthaß und seine Folgen

Der Preis für unsere Zivilisation und Kultur besteht in sehr vielen Ge- und Verboten, Kommandos und Strafen, die wir als Kleinkinder nicht begreifen und deswegen falsch verarbeiten. Wir dürfen oft nicht tun, was wir gerne täten, etwas nicht sagen, was wahr wäre, mit gewissen Körperteilen nicht spielen, obwohl es angenehme Gefühle bereitet, und so fort. Wird uns das immer wieder und sehr energisch eingetrichtert, können wir einen schlimmen Eindruck von uns gewinnen, und der heißt: *Selbsthaß*.

Wer dazu erzogen wurde, wenig von sich selbst zu halten, von sich selbst immer wieder enttäuscht sein zu müssen, wird die Tendenz entwickeln, sich auch dann herabzusetzen, wenn dazu gar kein Grund vorliegt. Solche Selbstverkleinerungen können sich in folgenden Formen äußern:

O Selbstverachtung: »Ich bin dumm«; »Man kann mich zu gar nichts gebrauchen«, und so weiter.

O Selbstverachtende Prophezeiungen: »Das wird wieder schiefgehen«, »Dieses Mädchen wird mich sicher nicht mögen« ...

O »Beweise« für sich selbst erfüllende Prophezeiungen: Um sich zu bestätigen, daß die negative Selbsteinschätzung zu Recht besteht, mutet man sich unerfüllbar schwierige Aufgaben zu, zum Beispiel Doppelbelastungen durch zwei Jobs, Interesse für unerreichbare Menschen (Filmstars, Pop-Idole), Teilnahme an Wettbewerben, für die jegliche Qualifikation fehlt. Hinterher kann man dann sagen: »Ich habe es ja gleich gewußt: Ich bin der geborene Versager.«

O Vernachlässigung von Hygiene, Anstandsformen und ähnlichem, so daß es selbst einem gutmütigen Mitmenschen schwerfällt, nett zu einem zu sein – »Seht ihr, mich kann man nicht mögen!«

○ Qualvolle Gefühle: Alpträume, angstmachende Gedanken, vor allem solche, die ein Tabu verletzen (sich in der Kirche nackt ausziehen, den Altar verunreinigen, Inzest, Selbstmord oder Mord begehen), oder Hypochondrie.

○ Erhöhte Anfälligkeit für Unglücksfälle, Verletzungen, psychosomatische Krankheiten (essentieller Bluthochdruck, Magenschleimhautentzündungen, Gallebeschwerden, Bettnässen, Magersucht, Migräne, psychisch bedingte Lähmungen, Hauterkrankungen, Nägelkauen, Zähneknirschen und so fort).

○ Unfähigkeit, sich zu vergnügen (sich nicht entspannen können, Orgasmusschwierigkeiten).

○ Unrealisierbare Wünsche: »Wenn ich doch nur reich/glücklich/schön/intelligent wäre!« In dieser Hinsicht ist die gegenwärtige Zivilisation besonders »verführerisch«, da Glück, Zufriedenheit und Gesundheit weitgehend als lieferbar hingestellt werden: Man muß anscheinend nur die richtigen Produkte kennen und kaufen.

3. Das Selbstwertgefühl

Es gibt mehrere Arten, mit unseren Unzulänglichkeiten fertig zu werden:

○ Wir *akzeptieren* sie.
○ Wir *tun* etwas gegen die Unzulänglichkeit.
○ Wenn das nicht hilft, machen wir aus der Schwäche eine *Stärke.*
○ Wir überdecken unsere Unzulänglichkeit mit *Hochstapelei.*

Dazu möchte ich einige Beispiele schildern: Wohl oder übel *akzeptiert* ein Mann die Tatsache, daß schon sein Vater nicht übermäßig mit Haupthaar geschmückt war, und somit die ziemlich schlechte Prognose für die eigene Frisur. Man kann aber auch Schlimmeres als die Neigung zur Glatzenbildung mit Gleichmut ertragen, beispielsweise das Bedürfnis, jedes Gespräch »mit seinem Senf garnieren« zu müssen oder grundsätzlich zu widersprechen, um sich interessant zu machen. Vielleicht bemerkt man nicht das ganze Ausmaß dieser Unzulänglichkeit, oder aber man findet keine Kraft, daran etwas zu ändern; und schließlich akzeptiert man sie eben.

Ein zweiter *tut* etwas gegen seine Unzulänglichkeit: Er spielt Klavier, es fehlt ihm aber die Fingerfertigkeit für einige schnelle Passagen. Er folgt dem Rat seines Lehrers und übt täglich eine

Stunde; schließlich wird sein Fleiß belohnt. Dabei handelt es sich sowenig um Kompensation wie im nächsten Fall: Bei einem anderen Pianisten bleibt trotz energischen Übens die Fingerfertigkeit aus. Das habe etwas mit den Sehnen zu tun und sei nicht zu beheben, tröstet ihn ein Facharzt. Also konzentriert er sich auf Unterhaltungsmusik, die kein schnelles Tempo verlangt. Mit anderen Worten: Er gibt klein bei und ist mit sich unzufrieden – keine Kompensation. Ein neuer Klavierlehrer entdeckt jedoch an ihm ein Talent für phantasiereichste Harmonik, die ideale Voraussetzung für Jazz, er unterrichtet ihn und macht aus ihm einen gefeierten Jazzpianisten. Nun ist es Kompensation.

Ein junges Mädchen war selbstkritisch genug, zu erkennen, daß es nie zu den Schönen im Lande zählen würde. Ein Mauerblümchen bleiben, ewig auf Tanzpartner warten, vielleicht sogar unter ihr gesellschaftliches Niveau fallen, um einen Mann zu bekommen – all das wollte sie nicht. Sie nahm Sprech- und Ballettunterricht, lernte, sich als Diseuse auf der Gitarre zu begleiten, und machte einen Kurs als Animatrice. Nach einigen Monaten gab's in ihren Kreisen keine Party ohne sie und kaum einen Jüngling ohne Schwäche für so viel Witz und Sinnlichkeit. Sie verstand es, ihre Schwächen zu kompensieren, und machte sogar *Stärken* daraus.

Die große Sehnsucht

Wir werden uns noch einige Male mit dem Wort »Sucht« beschäftigen müssen. Meist weist es auf Negatives hin wie Geltungssucht, Eifersucht oder Rachsucht. Unter Sucht verstehen wir eine Triebkraft, deren Existenz wir uns schwer erklären können, die also aus unbewußten Bereichen stammt und gegen die wir oft machtlos sind.

Wir beschäftigen uns hier in erster Linie mit der Sehnsucht nach Persönlichkeitsbildung, jener Sehn-Sucht, die von allen am menschlichsten ist, weil nur sie den Wert eines Menschen erhöht. Kürzlich erhielt ich einen kleinen Brief, worin mir eine Dame von 84 Jahren schrieb: »Scherereien mit dem Bein, aber mit den Händen habe ich jetzt wieder Freude.« Sie nehme im Seniorenheim an einem Modellierkurs teil und habe bereits die erste Plastik vor sich stehen – ein Trost für die immer kürzer werdenden Spaziergänge. Meine »Diagnose«: kompensierende Persönlichkeitsbildung.

Diese Frau, eine Arztwitwe, ging freiwillig ins Altenheim, weil sie dort nicht soviel Zeit mit Kochen, Waschen, Putzen und Besorgungen verlieren würde. Als erstes lernte sie Fußpflege, und als zweites pflegte sie gratis die Füße gehbehinderter Nachbarinnen. Nach einem Armbruch konnte sie diesem Samariterinnendienst nicht mehr nachgehen, doch zum Modellieren von Ton reichte offenbar noch die Kraft.

SIGMUND FREUD wäre wahrscheinlich nicht der weltberühmte Psychoanalytiker geworden, hätte er so gut hypnotisieren können wie Professor CHARCOT, bei dem er in Paris studierte. Er suchte nach einer anderen Methode, um an die unbewußten Kräfte des Menschen zu gelangen: So entstand seine Analysetechnik. Wahrscheinlich entschließen sich sehr viele Studenten für Psychologie oder Psychiatrie, weil sie sich dann mit ihren eigenen Problemen besser beschäftigen können. »Das eigentlich Studium des Menschen ist der Mensch«, meinte ALEXANDER POPE. Er hätte auch sagen können: »Das eigentliche Studium des Menschen sind seine Probleme.«

Ein bekannter Dozent für Zeitplanung war der unpünktlichste Mensch, den ich in Mitteleuropa getroffen habe. Auch Rationalisierungsplaner in Betrieben gelten oft als Chaoten, die aus ihrer Schwäche eine Stärke machen: Sie wissen aus eigener

Erfahrung, was durch menschliche Beschränkungen alles schiefgehen kann, und erfinden deshalb Lösungen, Vergeßlichkeit und Schlamperei auf ein Minimum zu reduzieren.

FRIEDRICH SCHILLER schrieb seinem Freund WILHELM VON HUMBOLDT, er vermisse in dessen letztem Brief wieder einmal das Zusammenfassen, das Aufbauen, das Kreative. Humboldt mußte ihm recht geben und kultivierte seine Schwäche zur Stärke: das Zerlegen. Er wurde (unter anderem) Sprachwissenschaftler und analysierte fremde Sprachen so meisterhaft wie nur HERDER vor ihm.

Extrovertierte nehmen vieles viel leichter als Introvertierte — mit der Folge, daß sie oft in aller Unschuld auf den Gefühlen anderer herumtrampeln. Hier ist ein Training für größere Sensibilität angebracht. Aber worauf soll man da achten? Ein überaus Extrovertierter arbeitete ein Buch über die Grundlagen der Psychologie durch und notierte sich alles, was ihm »eigenartig« vorkam. Ihm kam all das eigenartig vor, worauf er in seiner glücklichen Harmlosigkeit selbst nicht gekommen wäre. Er machte sich daraus eine Liste, die er noch immer von Zeit zu Zeit durchliest, und gilt jetzt als so sensibel wie die »Sensibelchen«, die sich vorher über ihn beschwert hatten.

Eine stark Introvertierte wiederum nahm den Rat an, in eine Laienschauspielgruppe einzutreten. Der Regisseur, ein feiner Menschenkenner, gab ihr eine komische Rolle, die sie ohne jeglichen Gestaltungsversuch brillant spielte: Sie war so verkrampft und verängstigt, daß sie nicht hätte komischer sein können. Inzwischen hat sie gelernt, was körpersprachlich komisch wirkt, sie ist viel freier, nonchalanter geworden und tritt jetzt auch in ihrem Beruf und in der Freizeit mit der Routine einer Schauspielerin auf, die jeder Rolle gewachsen ist.

Eine Verkäuferin, die vor Kunden steif und gehemmt wirkte, übte zu Hause das Gegenteil: Sie pries imaginären Kunden mit weitausholenden, übertrieben temperamentvollen Gesten und der Mimik einer angeheiterten Neapolitanerin ihre Produkte an. Sie nahm sich und das ganze Geschäft nicht mehr so ernst. Ihre Körpersprache wurde im Laufe dieser »Spielereien« nicht nur entschiedener, sondern auch runder, natürlicher. Zwar fühlte sie sich vor Kunden noch nicht so frei wie auf der häuslichen »Bühne«, aber doch selbstsicherer.

Die reduzierte Wahrnehmung

So wie wir alle fünf Sinne haben, so gibt es auch fünf »Sinnestypen« unter den Menschen: Die einen nehmen die Welt vor allem mit den Augen (visuell) auf, andere mit den Ohren (auditiv), die dritten mit dem Gefühl (kinästhetisch), die vierten schnuppern mehr als die anderen (olfakorisch), und die letzten haben einen guten Geschmackssinn (gustatorisch). Wir können nur Botschaften von zwei Sinnen gleichzeitig wahrnehmen. Konzentriere ich mich etwa aufs Sehen und Hören, vermag ich nur ganz starke Gerüche wahrzunehmen. Überlege ich mir, wie ich mich jetzt fühle, sehe ich vielleicht noch etwas im Raum, aber die anderen Sinne sind »ausgeblendet«. Diese Zusammenhänge können Sie sich in einem ganz leichten, einfachen Test selbst beweisen, den ich in *»Alarmsignale der Seele«* (Ariston Verlag; Seite 38 ff.) beschrieben habe.

Welche zwei Sinneskanäle ich eingeschaltet habe, ist abhängig von meiner Veranlagung und von der jeweiligen Situation. Vor einem überwältigenden Panorama werden mein visueller und mein kinästhetischer Sinn eingeschaltet sein – die Wörter »Panorama« und »überwältigend« deuten bereits auf etwas Sicht- und Erfühlbares hin. Während des Musizierens wird der

Pianist vorwiegend auditiv und kinästhetisch eingestellt sein. Bei der Arbeit wird sich ein Koch visuell und olfaktorisch, beim Probieren eher gustatorisch orientieren.

Sitzen drei Leute entspannt bei einer Besprechung zusammen, wird am Ende der dominant Visuelle mehr gesehen, der dominant Auditive mehr gehört und der dominant Kinästhetische mehr empfunden und gefühlt haben, obwohl sich alle drei in derselben Wirklichkeit befanden.

Wer besser informiert ist, hat größere Überlebenschancen. Die Neugier ist naturgewollt (deswegen stellen Herdentiere auch »Wächter« auf, und Einzelgänger beobachten nach ein paar Bissen ihre Umgebung). Wenn Sie wissen, daß Sie z.B. dominant auditiv sind, können Sie sicher sein, daß Ihnen viel Seh- und Fühlbares entgeht. Doch Sie können etwas dagegen tun, nämlich von Zeit zu Zeit absichtlich den Sinneskanal wechseln.

Angenommen, Sie sind Personalleiter/in, haben die Bewerbungsunterlagen studiert und sitzen nun dem Bewerber gegenüber. Sie werden am meisten von dieser Person wahrnehmen, wenn Sie sich befehlen, jawohl befehlen, zuerst den visuellen Kanal einzuschalten, also nur schauen und ihr Gesamterscheinungsbild betrachten – gepflegt, konservativ, modisch ... Augen, Haut, Hände, Körperhaltung, Körpersprache ... Jetzt auditiv: Stimme frei, gepreßt, locker, natürlich, maniert, Sprechstil (direkt, indirekt, kompliziert, einfach), Wortwahl, Umfang des Wortschatzes ... Dann kinästethisch: Was empfinde ich? Fühle ich mich wohl? Wenn ja, warum, wenn nein, warum nicht? Wie wird der Bewerber auf die Gruppe wirken, für die er gedacht ist? Zu riechen wird es bei einer Bewerbung wahrscheinlich nichts geben außer vielleicht ein Parfüm oder Rasierwasser: Warum so herb, so süßlich?

Ich kenne keine zweite Methode, mit der die eigene Menschenkenntnis so schnell erweitert und Reinfälle aufgrund mangelnder Beobachtungsgabe reduziert werden. Sie können diese Methode überall anwenden, beispielsweise früh am Morgen im Bus zur Arbeitsstätte. Analysieren Sie eine Person visuell, als müßten Sie hinterher der Polizei eine detaillierte Beschreibung geben. Dann hören Sie der Person zu, wenn sie sich mit jemandem unterhält: Stimmhöhe, Sprechgeschwindigkeit, entspannt, gereizt, ängstlich, auf Wirkung bedacht, gleichgültig, natürlich, geziert und so weiter. Tagsüber bieten sich weitere Möglichkeiten, etwa in Pausen, beim Mittagessen, und abends kann's weitergehen beim Fernsehen, etwa mit den Fragen: Was signalisiert der Schauspieler/die Schauspielerin? Wie ist die Sprache? Kongruent mit der Körpersprache, mit dem Inhalt? Fühlt der Darsteller/die Darstellerin das Gesprochene? Wenn nicht, woran erkenne ich das?

Der Wunsch vieler Menschen ist es, mehr Persönlichkeit auszustrahlen, mehr von dem zu besitzen, was gewöhnlich »Das gewisse Etwas« genannt wird. Beeinträchtigt durch den dominanten Sinneskanal, hört zum Beispiel der auditive Mensch, wie jemand gewinnend – überzeugend – spricht, wie er betont, die Sprache moduliert. Aber durch die Dominanz dieses einen Kanals ist seine visuelle Beobachtungsgabe stark eingeschränkt, und er übersieht viel Körpersprachliches, wie Bewegungsabläufe beim Gehen, Stehen, Sitzen oder Sprechen. Damit sieht er auch seine eigene visuelle Erscheinung nicht kritisch genug. Und er entwickelt kein Gespür dafür, wie sich jemand mit einem starken Image fühlt. Aber er kann *Schwächen seines Images* kompensieren, indem er sich vornimmt, beim Studium von Vorbildern systematisch von seinem dominanten Sinneskanal auch auf die zwei anderen zu schalten (den olfaktorischen und den gustatorischen können wir bei Imagefragen aus dem Spiel lassen). Mehr zum Thema Image erfahren Sie in meinem Buch »*Das gewisse Etwas*« (Ariston Verlag 1992).

Einsamkeit zählt zu den größten Stressoren, was jeder mit Erfahrung in Einzelhaft bestätigen kann. Aber selbst inmitten von Trubel erleben viele ein Gefühl der Einsamkeit, weil sie niemandem etwas bedeuten.

Eine unverheiratete Frau, die sich sogar selbst als »graue Maus« bezeichnete, litt, trotz Beruf und vieler Bekanntschaften, an Einsamkeit. Sie besuchte Konzerte, Theaterveranstaltungen, Vorträge, Seminare der Volkshochschule, politische Versammlungen – alles in der Absicht, Menschen kennenzulernen. Aber es blieb bei den üblichen Floskeln wie »Guten Abend – wie geht's? ... Danke, mir auch ... Auf Wiedersehen!«

Kurz vor Weihnachten brachte sie zwei Holzfiguren als Geschenk für unsere Kinder mit. Ich war erstaunt: »Was, Sie können so etwas schnitzen?!« Sie bejahte. Damit war das Eis gebrochen.

Die Frau hatte all die Jahre den anderen keinen *Nutzen* geboten. Sie war nicht schön genug, um Männer auf dumme Gedanken zu bringen. Sie sagte auch nichts so Aufregendes, daß es einen in der Pause von Veranstaltungen zu ihr hingezogen hätte. Aber wieviel Nutzen konnte sie jetzt bieten! Wie viele Menschen wollten das lernen, was sie konnte: eine Krippe schnitzen, ein Porträt schnitzen, Tiere schnitzen, seine eigenen Schachfiguren schnitzen. Im nächsten Semester der Volkshochschule hatte sie eine Klasse von vielen Schülern, und bald wußte sie nicht mehr, was sie abends zuerst erledigen sollte. Sie konnte sich vor Einladungen kaum mehr retten. Und eines Tages wird jemandem das Gesicht der Künstlerin so sehr gefallen haben wie ihre Figur und ihre Figuren ...

Es gibt keine Schwäche, die nicht durch einen Nutzen wettgemacht werden könnte. Da mag einer noch so dumm sein, wenn er aber am schnellsten meinen Golfschwung verbessert, ist er mein Mann. Ich muß also erkennen: Wir werden auf längere Sicht nur nach dem *Nutzen* geschätzt (bezahlt, verehrt, geliebt), den wir bieten. Für einige mag dies finanzieller Nutzen sein, wie etwa für unseren Arbeitgeber. Aber auch andere gut unterhalten können, sie aus ihrer Einsamkeit herausholen, ihnen Neues bieten, ihnen aus Schwierigkeiten helfen, ihnen ein gutes Gefühl geben, weil wir nett zu ihnen sind, sie akzeptieren, wie sie sind, und sie schätzen, weil sie so sind, wie sie sind: dies alles heißt Nutzen stiften und kompensiert viele persönliche Schwächen!

Kompensation durch Anleihen

Diese Technik beherrschen bereits Kleinkinder perfekt. Da ist so einem kleinen Wurm aufgefallen, daß das freundliche Wesen mit den angenehm weichen Formen, von denen man auch noch satt wird, jedesmal ans Bettchen tritt, zu singen anfängt, lächelt, strahlt und sanft küßt, wenn man einen kräftigen Laut von sich gibt: »Ähhh.« Auf mehrere Ähhhs hin wird man sogar aus dem langweiligen Bett herausgenommen, und man kann viel mehr interessante Dinge sehen.

Der Säugling ist das hilfloseste Wesen der Welt, kann sich kaum mit sich selbst beschäftigen und langweilt sich schnell. Aber er kann schreien, Angst einflößen, Macht ausüben!

Das war bisher des Säuglings größte Stunde: zu erfahren, wie man Mittelpunkt wird, wie man Macht erlangt und wie man die Macht behält. Nie wird er diese Lektion Selbstunterricht in Kompensationstechniken vergessen. Zunächst aber hat es nur sein Unbewußtes registriert (das es schon längst wußte).

Wie der Beingelähmte Krücken, so braucht der Schwache Kraft, die von außen kommt. Ohne diese Zusatzkraft fühlt er sich »unzulänglich«: Es langt nicht zur Zufriedenheit.

Ein Golflehrer wird von seinen Schülern zu einer Feier eingeladen. Sie erzählen von Sporterlebnissen, wo ihnen etwas da-

mals Peinliches, im nachhinein nun Belustigendes widerfahren
ist. Jeder nimmt sich selbst auf den Arm. Da räuspert sich der
Golflehrer und schildert, wie er einmal jemanden hereingelegt
hat. Alle strengen sich zu einem Lächeln an, dessen Gehalt an
Säure er nicht bemerkt. Er überstreckt sich sogar vor Stolz darüber, daß er nun auch ein Lachsälvchen verbuchen kann – er
hat Streicheleinheiten erhalten.

Das Summenproblem

Nehmen wir an, ein Briefträger braucht zu seinem Wohlbefin-
den 100 Streicheleinheiten. Von Familie und Beruf ist er nicht
sonderlich begeistert, wohl aber von seinen sportlichen Trium-
phen. Nehmen wir an, der Postbote fühlt sich zufrieden, wenn
sein Konto an »strokes« (= Streicheleinheiten) um die 100 E
(Einheiten) oszilliert. Sein Konto setzt sich folgendermaßen zusammen:

Eigentumswohnung, Ausstattung, Auto	20
Prestigeobjekte Motorrad, Rennrad	30
Genuß beim Sport	20
Anerkennung seiner sportlichen Leistungen	25
Freude über den Neid seiner Kollegen	5
Summe	100

Nehmen wir an, DIOGENES war wirklich so glücklich, wie
er sagte, dann hätte seine Gleichung vielleicht so ausgesehen:
180 E für Stolz auf meine Weisheit und Bedürfnislosigkeit, 10
E für Freude über den Ärger der Spießbürger und 10 E für
Freude an Wein, Knaben und Gesang. Macht 200 E, und ich
bin glücklich.

Einer, der den Philosophen gut kannte, meinte aber, daß bei ihm die Eitelkeit sogar noch aus den Löchern seiner Lumpen schaue. Eitelkeit ist der Wunsch nach Bewunderung durch andere. Wer ist schon so eitel, zu einem ALEXANDER, der sich gnädig nach etwaigen Wünschen erkundigt, zu sagen: »Geh mir bitte aus der Sonne«? Könnte nicht des Philosophen Konto eher so ausgesehen haben:

Stolz auf meine Weisheit und Bedürfnislosigkeit	20
Freude an Wein, Knaben, Gesang	10
Bewunderung durch andere	120
Summe	150

Dann würde den guten Diogenes ein Manko von 50 E drücken, wenn er, wie theoretisch angenommen, 200 E zu seinem Glück braucht.

Manko, Fehlbetrag, Hunger nach »strokes«, Gefühl eines Beiseitegeschobenen, eines von Komplexen der Minderwertigkeit Verfolgten, das heißt: ein *Summenproblem*. Summenprobleme und ihr Umgang mit ihnen – das ist das Thema dieses Buches.

Der Bedarf an Streicheleinheiten ist individuell verschieden. A hat zum Beispiel außer der Zeit eine Gehaltserhöhung erhalten. Nun fühlt er sich wieder gebührend von der Geschäftsleitung anerkannt. Da erfährt er, daß B ab sofort seinen Dienstwagen auch privat nutzen darf, was A schon lange wollte. Aus ist es mit der Freude über die Gehaltserhöhung. Nun erhält A auch einen Dienstwagen und fühlt sich wieder wohl, aber nur, solange er nicht weiß, daß B demnächst Geschäftsführer werden wird. Wenigstens ist jetzt einer zufrieden: B als frischgebackener Geschäftsführer. Aber nicht lange. Er wird schwer krank, vielleicht sogar unheilbar. Nun braucht er nicht mehr wie bisher, sagen wir, 400 E zu seinem Glück, sondern nur noch magere 50: wieder aufstehen und ein wenig spazierengehen, hinterm Haus den Garten pflegen ...

Die Anzahl benötigter »strokes« ist nicht nur fallspezifisch und individuell, sondern variiert im Laufe eines Lebens immer wieder. Die allgemeine Tendenz ist eher steigend und nur unter besonderen Umständen – wie im Fall B – fallend.

Sprechen wir jetzt von einem Mann, über den wir unvergleichlich mehr zuverlässig wissen als über Diogenes. Er konnte mit Recht auf sich stolz sein: Er sah gut aus, hatte keine finanziellen Probleme, war der Freund von Fürsten und Frauen, selbst einem Kaiser imponierte er, und eine junge Kaiserin suchte seine Gesellschaft wegen der »Geschwindigkeit und Weite seines Geistes« (er über sich). Was er, der Bürgerliche, noch über sich sagte: »Ich wäre nicht überrascht gewesen, hätte man mir eine Königskrone angeboten.« Schon mit 18 Jahren fühlte er sich wie Prometheus, formte Menschen nach seinem Bild, steuerte gottähnlich ein Himmelsgefährt, kurzum: von Gefühlen einer Minderwertigkeit keinerlei Rede. Und doch litt er an einem riesigen Summenproblem. Sein ganzes Leben war ein Summenproblem, und wie er es löste, machte ihn so berühmt wie seine Genialität und seine Werke: JOHANN WOLFGANG VON GOETHE.

Daß er nach allerlei Aufstellungen (zum Beispiel in »*Die Sieger*« von WOLF SCHNEIDER) zu den zehn größten Menschen gezählt wird, verdanken wir einem Charakteristikum des Summenproblems: Ein Summenproblem »melkt« das Beste, aber auch das Schlechteste aus einem Menschen heraus – bei Goethe meist das Beste. Summenprobleme stacheln zu bewundernswerten und verabscheuungswürdigen Leistungen an, können aus banalen Menschen Heilige, aber auch Halunken machen.

Nehmen wir an, Goethe benötigte hundertmal mehr Erfolgserlebnisse als unser rennradfahrender Postbote. Dann kann sich schon ein Summenproblem ergeben, selbst wenn er ein Riesengewicht an berechtigtem Selbstwertgefühl auf die Waage brächte. Denn: Summenprobleme sind meistens hausgemacht. Wir verstehen oft nicht, wie ein bestimmter Mensch mit sich unzufrieden sein kann, weil wir ihn nicht so gut kennen, wie wir unsere Probleme kennen. Wären wir an seiner Stelle, würde es uns wahrscheinlich ähnlich ergehen wie ihm. Aus der gleichen Unkenntnis meinen viele von uns, die Schönen, die Reichen, die Mächtigen im Lande müßten glücklicher sein als wir.

Aber Goethe wurde doch allseits bewundert, höre ich Sie sagen. »Doch der Mensch ist getrieben, das Unmögliche vereinigen zu wollen.« Als er mit 71 Jahren eine 21jährige heiraten wollte, versuchte er eben dies: Unmögliches zu vereinigen. Als es nicht klappte, schrieb er drei seiner schönsten Gedichte und wurde anschließend krank ...

Krankheit kann eine heilsame Kompensation bedeuten: die Flucht aus einer unmöglichen Situation in eine erzwungene Ruhehaltung, die den unfruchtbaren Kampf gegen das Unmögliche unmöglich macht. Wieder auf den Beinen, entschloß sich Goethe, nach dem endgültigen Abschied von der Liebe, dem »letztesten Kuß«, sich eine neue Existenz aufzubauen: die Gestaltung seines Alterns. Nicht irgendwie alt zu werden, sondern so, wie es ihm am besten, am würdigsten erschien. Und immer den Blick nach vorne zu richten, denn: »Es gibt kein Vergangenes, das man zurücksehnen dürfte, es gibt nur ein ewig Neues, das sich aus den erweiterten Elementen des Vergangenen gestaltet. Die echte Sehnsucht muß stets produktiv sein, ein neues Besseres erschaffen.«

Wieviel Goethe von und für sich erwartete, macht der Leitgedanke von »*Faust I*« und »*Faust II*« deutlich: Faust schließt einen Pakt mit dem Teufel, der ihn holen kann, wenn er – Mephisto – ihm einen einzigen uneingeschränkt glücklichen Augenblick zu bieten in der Lage sei: »Werd' ich zum Augenblicke sagen: / Verweile doch, du bist so schön! / Dann magst du mich in Fesseln schlagen, / Dann will ich gern zu Grunde gehn.« Ein schwieriger Kunde, fürwahr, der sich so beschreibt: »So tauml' ich von Begierde zu Genuß, und im Genuß verschmacht ich nach Begierde.« Kein Wunder also, wenn er meint, er sei nur wenige Tage seines Lebens glücklich gewesen. Und selbst sein umfangreiches Wissen bereitet ihm Scherereien: »Was man nicht weiß, das eben braucht man, und was man weiß, kann man nicht brauchen.«

Schöne Gedichte, schöne Theaterstücke, schöne Prosa schrieben auch andere, aber seine Kunst, seine vermeintlichen und echten Unzulänglichkeiten zu kompensieren, war und ist einmalig.

Als er mit 26 Jahren als Erzieher nach Weimar kommt, scheut er keine Arbeit. Der bisherige Musensohn kompensiert seinen genialischen Sinn für Unordnung in bürokratische Zwangsordnung, und teilweise gleichzeitig ist er Unterrichts-, Kriegs-, Verkehrs-, Handels- und Finanzminister, Theaterdirektor, Regisseur, Produzent von Gedichten und Stücken für Feste am Hofe. Streicheleinheiten zuliebe wird er nach eigenen Worten »ein armer Sklave der Pflicht«, »Großmeister der Affen«, »Mädchen für alles« und sogar Ballettmeister und Tänzer, obwohl er schlecht tanzt.

Doch plötzlich bricht er von einem Tag auf den anderen aus, verständigt niemanden, nicht einmal seine Freundin CHARLOTTE VON STEIN, und reist inkognito nach Italien – erneute »Häutung seines Herzens«, ein Ausdruck, den er oft gebrauchte.

Bleiben wir noch einen Augenblick bei unserem Paradebeispiel für geglückte Kompensationen. Schon Goethes Vater JOHANN CASPAR war darin ein Meister. Er war als Jurist nicht sehr erfolgreich. Als er aber die Genialität seines Sohnes erkannte, erblickte er darin seine Chance: Er wurde der Hauslehrer seiner Kinder. Wie könnte man jemanden einen Versager nennen, der ein Genie von Weltformat erzieht?

Das Wunderkind Johann Wolfgang klagt über »Härte und Unverstand« des Vaters, der allein schon durch die längere Lebenserfahrung dem Sohn einiges voraushat. Entstand so Goethes (krankhafte) Wissenssucht? Eine Leidenschaft, der man nicht widerstehen kann. Wollte er schon als Kind dem Vater beweisen, daß er auch etwas wußte? Auf fast 1800 Seiten schildert der Psychiater K.R. EISSLER Goethes erste neun Jahre in Weimar und glaubt noch beim 40jährigen väterliche Fernsteuerungen zu erkennen – lange Zeit nach dem Tod des Vaters.

Goethe wollte nie von seiner Abstammung sprechen. Befragt nach einigen Versen, die sich auf seine Eltern beziehen könnten, verweigerte er die Antwort, wurde sogar auffallend patzig. 26 Jahre lang war seine Mutter Witwe, doch nie lud er die »Frau Rath« nach Weimar ein. Der Vielreisende mied Frankfurt, und als er die Mutter 1797 zum letzten Mal sieht, verschweigt er dies sogar seinem Tagebuch, in dem er doch so gern vermerkt, daß er von dieser und jener »Princeß« gnädigst begrüßt und lieblichst verabschiedet worden sei. Seiner Umgebung fiel es immer wieder auf, daß er nicht auf seine Mutter angesprochen werden wollte.

Was Goethe fehlte

Trotz seiner Erfolge, seiner direkten und indirekten Macht als Minister und Intimfreund des Herzogs »fehlte« Goethe etwas, wie einem Kranken etwas fehlt. Dieses Manko durch eine Fülle von Aktivitäten und Phantasien zu kompensieren, darin lag seine beispiellose Genialität.

Auch in seinem Liebesleben verstand er es hervorragend zu

kompensieren. Trotz seines Rufs als Frauenheld waren seine diesbezüglichen Aktivitäten im geläufigen Sinne defizitär. Wahrscheinlich ging er erst mit 38 Jahren eine normale sexuelle Partnerschaft ein – mit einer gewissen Faustina, vermutlich einer Kellnerin in einer römischen Kneipe. Nun war ihm endlich »der ächte nackte Amor« begegnet, nach all dem vorherigen Sturm und Drang, Stöhnen, Dichten und »Verzichten«. Sein »Verzicht« war nicht Pflicht, sondern Flucht vor Bindung. Mit Frau von Stein hielt er es fast zehn Jahre aus: Sie war älter, verheiratet, laut ihrem Dr. med. VOGEL frigide, und ihr Mann interessierte sich sowieso nicht für sie – ein risikoloses Unternehmen für einen Liebhaber, der allen Gefahren aus dem Wege gehen wollte und sich eine Liebe ohne dichterische Darstellung nicht denken konnte.

Die fehlende Masse

Rechnerisch sieht das Summenproblem eines Menschen, dem es an Selbstwertgefühl mangelt, folgendermaßen aus, wobei wir wiederum die Zahl 100 als theoretische Größe für den Bedarf an Streicheleinheiten (E) oder »strokes« annehmen:

$$\text{Selbstwertgefühl} + X \text{ (fehlende Masse)} = 100 \text{ E}$$
$$60 \text{ E} + X \text{ E} = \text{Zufriedenheit}$$

Die fehlende Masse X präsentiert sich meist als Sucht. Sucht ist ein starkes Verlangen, für das kein vernünftiger Grund gefunden werden kann, und sie ist nur kurzfristig stillbar, bevor sie sich wieder mit alter Vehemenz meldet. Beispiele für Süchte: Drogensucht, Eifersucht, Freßsucht, Spendiersucht, Herrschsucht und so weiter. Auch wenn manche Eigenschaft nicht mit dem Wort »Sucht« belastet ist, so kann sie doch Suchtcharakter haben, etwa der nur schwer zu unterdrückende Zwang zum

Aufräumen (Putzsucht), zum Kritisieren, Rebellieren, Aufbrausen oder Angeben.

Hat jemand ein (theoretisches) Selbstwertgefühl von 100, benötigt er keine Zusatzkraft mehr für seine Zufriedenheit. Das Wesen der Zusatzkraft X besteht also darin, ein geringes Selbstwertgefühl aufzumöbeln. Dieser Gesichtspunkt soll uns leiten, wenn wir Werte, oft sehr fragwürdige Werte, sehen, die zusammen mit dem bereits vorhandenen Selbstwertgefühl ein zufriedenes Individuum ergeben sollen. Einige Beispiele, wofür das X in unserer Gleichung stehen kann: Macht, Autorität, Titel, Wissen, Können, Prestigebesitz, Ämter, Prestige-Freunde/-innen, Phantasie-Besitz, -Freunde und -Titel; Aufbrausen, Rebellieren, Kritisieren, Nörgeln, Verbessern, Besserwissen, Entwerten, Herabsetzen, Drohen als Ausdruck von Kraft; Eifersucht als Fessel; Charme, Nettigkeit, Diensteifer, Hilfsbereitschaft zur Fesselung der anderen, Selbsterniedrigung und Opferbereitschaft zur Selbsterhöhung, Krankheiten und Erregen von Mitleid als Erpressung, Koketterie.

Was haben alle diese Zusatzkräfte gemeinsam? Wie der Name sagt, stärken sie das Selbstwertgefühl mit zusätzlichen Kräften – wenigstens für kurze Zeit.

Eine Form der Zusatzkraft stellen aber auch Illusionen dar, eingebildete, sich selbst zugeschriebene Kräfte, die in Wirklichkeit nicht bestehen. Beispiele hierfür: Illusionen von Unfehlbarkeit, Allwissenheit, Unabhängigkeit, Freiheit, Unersetzlichkeit oder großer Popularität.

Es gibt auch Fälle, wo Werte vom Selbstwertgefühl abgezogen werden. Das Syndrom heißt dann *Selbsthaß*, und das Ergebnis ist natürlich Unzufriedenheit. Beispiele für solche »Negativ-Werte« sind Aussagen wie: »Wenn ich nur schöner/reicher/frei von körperlichen Gebrechen/intelligenter/willensstärker/weniger abhängig von Liebe, Sex, Schutz, Ansehen/insgesamt weniger ›verpfuscht‹ wäre!« Die Gleichung sieht dann so aus:

$$\text{Selbstwertgefühl} - \text{Selbsthaß} = \text{Unzufriedenheit}$$
$$40 \text{ E} - 30 \text{ E} = 10 \text{ E (statt 100 E)}$$

Bei solchen Ausgangslagen wird das (theoretische) Defizit von 90 E kurzfristig durch Rauschzustände aufgefüllt, mit Alkohol, Drogen, Randalieren, Gewinn von Selbstwertgefühl durch Zugehörigkeit zu terroristischen Banden, durch andere Kriminalität, wahllose Affären, aber auch durch unstillbare Machtsucht (wie etwa bei NAPOLEON oder HITLER).

Die Masse X umfaßt eine so große Fülle von Möglichkeiten, daß ein dafür geschultes Auge in beinahe jeder menschlichen Tätigkeit einen Versuch sehen kann, sich ins rechte Licht zu rücken. Daß dabei oft das genaue Gegenteil erreicht wird, ist auf den Suchtcharakter des Minderwertigkeitsausgleichs zurückzuführen. Da wird einer immer wieder zu Wutanfällen hingerissen, in deren Verlauf er sich großspurig aufführt, sich wichtig, ja sogar für Sekunden mächtig fühlt – und später zerknirscht um Verzeihung bitten muß. Ein anderer weist bis zum »stinkenden« Selbstlob immer wieder auf seine Verdienste hin, um seine Bedeutung zu betonen, während er in Wirklichkeit nur seine Angst vor Mißachtung und seinen Hunger nach Anerkennung hinausschreit.

Wie entsteht Selbstwertgefühl?

Sowenig ich immer an meinen Namen oder an meinen Geburtstag denke, sowenig denke ich immer an mein Selbstwertgefühl. Insgeheim sind mir aber Name, Adresse, nächste Bezugspersonen und mein Selbstwertgefühl stets abrufbereit. Was ist das eigentlich – Selbstwertgefühl?

O Ich erlebe mein Selbstwertgefühl in erster Linie durch meine
Wirkung auf andere (das tat ich schon als Säugling).

O Empfinde ich diese Wirkung als positiv, akzeptiere ich meine
Umwelt und mich. Nicht so bei Frustrationen.

O Es kommt nicht nur darauf an, was man erlebt, sondern was
man *mit sich* erlebt.

Ein objektiver Beobachter kann sagen, die Mutter gibt sich
genügend mit dem Kind ab, und das Kind entwickelt sich normal. Wissen wir aber, was das Kind mit sich erlebt, wenn es
Streicheleinheiten erwartet, aber keine bekommt und trotzdem
nicht protestiert? Fühlt es sich vernachlässigt, oder gibt es sich
gar selbst dafür die Schuld? Natürlich wird es die Situation nicht
analysieren können, aber im Unterbewußten registrieren. So
entsteht seine – lebenslange – Einstellung zum Leben.

Urvertrauen und Urmißtrauen – diesen Begriffen begegnen wir
bei der deutsch-amerikanischen Psychoanalytikerin KAREN
HORNEY, die bei der Entstehung von Neurosen kulturellen Einflüssen größere Bedeutung beimaß als ihr Lehrer SIGMUND
FREUD.

Aus der »ererbten Grundlage« (nach FRANZ ALEXANDER), also
den Genen, plus seinen bisherigen Erfahrungen (Urvertrauen
oder Urmißtrauen) setzt sich das Selbstwertgefühl eines Menschen zusammen.

Nach dem Erlernen der Sprache erfährt er fast unweigerlich
Dressurakte, die nach folgendem Muster formuliert werden:
»Wenn du das tust, dann passiert dir etwas Unangenehmes.«
Solche Mitteilungen schickt Erwachsenen auch das Gericht,
wenn sie nach Ansicht eines Klägers etwas tun oder unterlas-
sen sollen. Die Botschaften heißen »einstweilige Verfügungen«.
Und mit einstweiligen Verfügungen wird nach und nach auch
das Über-Ich aufgebaut: »Man beißt kleine Mädchen nicht.

Wenn du das noch mal tust, mag dich die Mama nicht mehr und sperrt dich ein.« Was das Kind mit sich unter dem Einfluß des entstehenden Über-Ichs erlebt, weiß niemand außer das Unbewußte und – indirekt – das Selbstwertgefühl. Mit Kindergarten und Schule beginnen das Einleben in die Gruppe, die Auseinandersetzung mit ihr und die ersten größeren Rivalitäten, somit eine neue Lehrzeit für Selbstbehauptung und Selbstwertgefühl. Inzwischen sehen die Bausteine für die Selbsteinschätzung folgendermaßen aus:

○ ererbte Grundlage;
○ Urvertrauen oder Urmißtrauen;
○ Auswirkungen einstweiliger Verfügungen;
○ Auswirkungen weiterer Gruppennormen.

Danach ist die Persönlichkeitsbildung im großen und ganzen abgeschlossen. Ohne schicksalhafte Eingriffe (Verwaisung, andere Schockerlebnisse, krasse Beleidigungen oder schwere Leiden) sind nun die Umrisse der Persönlichkeit sichtbar, und es läßt sich voraussagen, wie dieses Kind einmal zu sich und zu den anderen stehen wird. In der Sprache der Transaktionsanalyse sind vier Haltungen möglich:

○ Ich bin okay, die anderen sind okay.
○ Ich bin okay, die anderen sind nicht okay.
○ Ich bin nicht okay, die anderen sind okay.
○ Ich bin nicht okay, die anderen sind nicht okay.

Diesen vier Sätzen, die freilich keine starren Größen sind, werden wir nochmals begegnen, wenn wir die verschiedenen Formen untersuchen, die ein Minderwertigkeitskomplex annehmen kann.

Die beiden großen Psychotherapeuten KAREN HORNEY und ERICH FROMM beschreiben das Selbstwertgefühl als Selbstliebe und empfehlen, uns zuerst selbst lieben zu lernen, bevor wir andere lieben können. Das ist ein sehr gesunder, aber leider unpraktischer Rat: Menschen mit niedrigem Selbstwertgefühl halten in ihrem Innersten nicht viel von sich selbst und beschäftigen sich so ausgiebig mit ihren Gefühlen der Minderwertigkeit, daß sie nicht allzuviel Liebe für ihre Nächsten aufbringen können. Sie gleichen dem Angstbeißer unter den Hunden, der sich bei jedem Kontakt sofort auf Komplikationen einstellt. Im übrigen leidet – anthropomorph gesprochen – der vierbeinige Angstbeißer an einem Minderwertigkeitskomplex, weil ihm einmal der Mumm und der Glaube an seine Liebenswürdigkeit gestohlen worden sind.

Selbstwertgefühl heißt, uns trotz aller Widersprüche zu akzeptieren. Dazu müssen wir wissen:

○ Wir waren vor nicht allzu langer Zeit noch Tiere.

○ Jeder von uns hat in sich ein rebellisches und ein sich einschmeichelndes Kind, das gut behandelt werden muß, wenn wir es bei Laune halten wollen.

○ Jeder kennt Ängste, aber auch Gefühle von Scham aufgrund vergangener Handlungen oder Emotionen.

○ Jeder muß mit sich ins reine kommen, bevor er sich selbst schätzen kann; dann erst bringt er Sympathie auch für die anderen ebenso fehlerhaften Wesen auf, nämlich für alles Kreatürliche.

○ Dann erst kann er sich dem Ideal nähern, die anderen zu lieben wie sich selbst.

Musterbeispiel einer Kompensationsserie

WILLIAM SOMERSET MAUGHAM (1874 in Paris geboren) verlor
mit neun Jahren seine Mutter, mit zehn den Vater. Besser französisch als englisch sprechend, kam er zehnjährig nach England
in den kinderlosen Pfarrhaushalt eines engstirnigen Onkels,
dann auf eine Public School, wo ihn das Heimweh nach seiner
Mutter quälte und ihn die Klassenkameraden wegen seiner
Sprache und seines schmächtig-unsportlichen Körpers hänselten. Er fing zu stottern an. Als Stotterer konnte er kein Jurist
werden. Heimlich entschloß er sich, einmal von der Schriftstellerei zu leben. Um Lebenserfahrung in gedrängtester Form
zu sammeln, studierte er Medizin in einem Krankenhaus in der
Nähe eines Londoner Slums und verwandte jede freie Minute
zu »Schreibübungen«. Er veröffentlichte seinen ersten Roman
mit 23 Jahren, damals noch Student. Das Thema: eine tragische Liebesgeschichte in den Slums, wo er als Geburtshelfer die
Menschen als »Rohmaterial« hatte studieren können.

Als Stotterer gewöhnte er sich beim Reden knappste Formulierungen an, denn so fiel sein Manko am wenigsten auf.
Und als Medizinstudent hatte er seine Beobachtungsgabe kul-
tiviert – scharfe Beobachtungen, knappst formuliert, können
zu witzigen Bonmots werden. Und wer braucht diese Gabe?
Der Autor von Komödien. In diesem Fach wurde Maugham
schließlich so erfolgreich, daß manchmal auf vier Londoner
Bühnen gleichzeitig Stücke von ihm gespielt wurden. Als er sich
nicht mehr mit eingebildeten Regisseuren und eitlen Schauspielern herumärgern wollte, schrieb er Kurzgeschichten und
Romane mit sehr vielen Dialogen – seine Stärke aus der Thea-
terzeit.

Aber es fehlte ihm eine fruchtbare Phantasie. Also schrieb er
als erstes großes Prosawerk einen autobiographischen Roman.
Dazu mußte er sich nur an seine eigene traurige Jugend erin-

nern. Um zu weiteren Anregungen zu kommen, kombinierte er seine Reiselust und seine inzwischen erworbenen Fremdsprachenkenntnisse mit vielen Fahrten ins Ausland. Aber er war so scheu, daß er auf dem Schiff, in Hotels oder Clubs zu keinen Menschen Kontakt aufnehmen konnte. Also engagierte er einen amerikanischen Draufgängertyp als Sekretär, der mit Vergnügen Leute in Gespräche verwickelte und dann seine neuen Freunde mit dem berühmten Schriftsteller bekanntmachte. Da sich Chef und Sekretär mehr für Männer interessierten als für Frauen, tauschten sie sich auch auf diesem Gebiet aus – sehr praktisch während der oft monatelangen Reisen durch wilde, ferne Länder.

Inzwischen hatte Hollywood ein großes Interesse für spannende Drehbücher entwickelt. Dementsprechend bevorzugte Maugham geeignete Themen und verdiente so drei- und vierfach an einer Kurzgeschichte oder einem Roman. Hatte er die Nase voll von Dschungeln, Kautschukplantagen, Maharadschas, Diplomaten, verkrachten Farmern oder mittelamerikanischen Banditen, fuhr er zu seiner Villa am Mittelmeer, wo ihn bis zu 13 Bedienstete umhegten und Majestäten, Premierminister, Schriftsteller oder Schauspielerinnen seine Gastfreundschaft so schätzten wie eine Privataudienz beim Papst.

Es gab in der Literatur viele bei weitem Begabtere als Maugham, aber kaum einen, der mit so wenig Talent so viel erreichte. Sein Geheimnis: Er war professionell nicht nur im Beruf, sondern auch in der Lebensgestaltung und in der Fähigkeit, aus Schwächen aller Art Stärken zu machen.

4. Schockerlebnisse und Kompensation

Auch Schockerlebnisse können Auslöser für den Prozeß der Kompensation sein. Es genügt, einige Bruchteile von Sekunden den Sturm von 220 Volt durch den eigenen Körper erlebt zu haben, um dieses Ereignis nie mehr zu vergessen und fortan vorsichtiger mit der Elektrizität umzugehen. Es wird kaum einen knapperen Lernprozeß geben. Schockerlebnisse bewirken oft in Sekunden, was ohne sie erst in Jahren geschehen oder unterlassen worden wäre – oder aber vielleicht nie eintreten würde.

SAULUS' Erlebnis auf dem Weg nach Damaskus war ein Schockereignis, das sein Leben verändert hat – nach allen Beschreibungen ein epileptischer Anfall in drei Phasen: Aura (Wahrnehmen von Farbflecken, Blitzen, Sternen, Tönen) – abnorme Glücks- oder Angsterlebnisse – Sturz.

Ein den Lebenslauf veränderndes Schockerlebnis ganz anderer Art widerfuhr dem katalanischen Edelmann RAMÓN LULL, der sich so lange um eine spröde Schönheit bemühte, bis diese ihm ihre Brust zeigte – krebszerfressen. Der Lebemann ließ daraufhin Frauen Frauen sein und bemühte sich als Missionar um Heiden.

WINSTON CHURCHILLS Schockerlebnis: Als er 1916 seinen Hut als Erster Lord der Admiralität nehmen mußte, war es ihm »wie einem Tiefseefisch, den es plötzlich an die Oberfläche gerissen hatte. Ich glaubte, mir zerspringe der Kopf.« Dieses Ereignis beendete Churchills Zeit als allzu verwegener Husar.

Der spätere österreichische Kaiser JOSEPH II. hatte ein Schockerlebnis besonderer Art. Er liebte seine junge, schöne Frau leidenschaftlich, die amüsante, blitzgescheite Gefährtin in seinem ansonsten glücklosen Leben. Als sie an einer Frühgeburt starb, brach er zusammen. Man fürchtete um sein Leben. Um ihn aus seinem Tief zu reißen, übergab ihm seine Schwester die glühendheißen Liebesbriefe, die sie von seiner Frau erhalten hatte. Auch das noch! Seine zweite Frau war häßlich, dick und dumm, und als sie nach zwei Ehejahren kinderlos starb, atmete Joseph auf und weigerte sich, ein drittes Mal wegen eines Nachfolgers zu heiraten. Ostentativ zog er die Bekanntschaft von »niedrigen und verrufenen Frauen« aus dem Volk vor – und holte sich dabei die Syphilis. Er war ein kranker Mann, als er die Regierung antrat: glatzköpfig, voller Hautgeschwüre, von einer chronischen Augenentzündung und Rotlauf geplagt, von Nieren- und Gallenkoliken gemartert. Da wollte er wenigstens sein Volk mit (drakonischen) Maßnahmen glücklich machen.

Die Fronde im 17. Jahrhundert war der letzte Versuch des französischen Hochadels und der Stadt Paris, das absolutistische System des Hofes abzuschütteln und seine Steuerpolitik zu bekämpfen. Dazu nutzten die Frondeurs die Minderjährigkeit LUDWIGS XIV. aus. Hals über Kopf wurde das königliche Kind aus dem Bett gerissen, aus der Stadt in Sicherheit gebracht und versteckt. Historiker stimmen darin überein, daß dieser Schock Ludwig später zur Errichtung seines persönlichen Regiments veranlaßt hat, unter anderem auch zum Bau des goldenen Käfigs von Versailles, wo die Häupter aller großen Familien wohnen mußten und sich – fernab von ihren Besitzungen – nicht mehr gegen den Herrscher verschwören konnten.

5. Der Minderwertigkeitskomplex

Begriffe wie Minderwertigkeitskomplex, Kompensation oder Überkompensation gehören heute zum allgemeinen Wortschatz. Ihre Verbreitung geht auf ALFRED ADLER zurück. C.G. JUNG hatte zuvor für die Tiefenpsychologie den Begriff »Komplex« geprägt: eine Gruppe von verdrängten, zusammenhängenden Vorstellungen, die sich der bewußten Kontrolle des Intellekts entziehen, aber Denken, Fühlen und Handeln beeinflussen. Und »minderwertig« fühlt sich, wer kleiner, unterlegen ist, weniger trägt oder weniger zustande bringt.

1831 erschien HENRI STENDHALS Roman »*Le Rouge et le Noir*«: Der aus ärmlichen Verhältnissen stammende, sehr ehrgeizige Hauslehrer Julien Sorel berührt »aus Versehen« die Hand der Mutter seines Schülers. Als sie die Hand zurückzieht, empfindet er ein »sentiment d'infériorité«, ein Gefühl der (gesellschaftlichen) Unterlegenheit. Dieses Gefühl läßt ihn nicht ruhen, bis sich seine Herrin von ihm nicht nur an der Hand berühren läßt.

Und im 1852 erschienenen Roman »*Onkel Toms Hütte*« von HARRIET BEECHER-STOWE führt ein Sklave den Eigentümer durch dessen Baumwollplantage und zeigt ihm mit berechtigtem Stolz, wie gut er diese organisiert hat. Dem einfältigen Master dämmert es dabei, daß er wohl nicht in der Lage gewesen wäre, so etwas selbst zu schaffen. Er verspürt einen »sense of inferiority«, der bei ihm Wut auslöst. Verzeihen wir dem weißen

Mann im Namen des Fachmanns für Minderwertigkeitsgefühle, Alfred Adler, der geschrieben hat: »Menschsein heißt ein
Minderwertigkeitsgefühl haben.«

Als Arzt wußte Adler: Bei paarigen Organen (Gehirn,
Lungen, Schilddrüsen, Eierstöcken und so weiter) übernimmt
der Zwilling die Funktion des anderen, wenn dessen Leistung
nachläßt oder ganz ausfällt. Der Organismus versucht eine
Homöostase, einen Ausgleich des Defekts zur Erhaltung der erforderlichen Leistung. Es war Adler auch aufgefallen, wie stark
sich Kinder auf einen sichtbaren Organschaden konzentrieren,
etwa eine verkrüppelte Hand verstecken. Wenn sie aber allein
sind, massieren sie die defekten Stellen und erfinden sogar
Übungen, um den Schaden wegzutrainieren. Später entdeckte
Adler, was Stendhal und Beecher-Stowe schon lange zuvor beschrieben hatten: Nicht nur Organdefekte, sondern jedes Gefühl der Benachteiligung kann sich wie ein Organdefekt auswirken, zum Beispiel Armut der Familie, niedriger Status der
Eltern oder Bevorzugung eines Geschwisters.

Imponieren (von lateinisch »imponere«, sich durchsetzen)
will jeder, schon um nicht dauernd gefährdet zu sein. Und der
Schüler, der seinen Kameraden und Lehrern durch nichts imponiert, will wenigstens durch Clownerien auffallen. Wer seine
Schwächen nicht kompensiert, nicht kompensieren kann, zieht
sich auf einen Nebenkriegsschauplatz zurück. Dort kann er gewaltige Siege erringen!

Laut EGON FRIEDELL, selbst Schauspieler, hatten die größten
Mimen seiner Zeit einen Sprachfehler und glänzten zudem
in Rollen, die ihrem Charakter entgegengesetzt waren. Ein
Schüchterner etwa brillierte auf der Bühne als Salonlöwe, ein
Wortkarger durch sprudelnden Vortrag, energielose Naturen
glänzten als tatkräftige Helden.

Nehmen wir als Beispiel HONORÉ-GABRIEL DE MIRABEAU,
den selbst für französischen Standard gewaltigen Redner: ge

boren mit einem Klumpfuß und Sprachfehler, pockennarbig, mutterlos aufgewachsen, von der Stiefmutter gedemütigt, vom Vater in einem Brief als »Ungeheuer« bezeichnet, als »häßlich wie Satans Sohn«. Ohne Liebe erzogen, suchte er später die Liebe zahlloser Frauen, als Revolutionär die Liebe von Paris, von Frankreich, von der ganzen freiheitsdurstigen Welt. Wer hätte hinter diesem Kraftkoloß die auf ewig verwundete Kinderseele vermutet?

Die drei größten Militärgenies der Neuzeit waren körperlich eher klein geraten: PRINZ EUGEN war zudem so unansehnlich, daß ihm der Eintritt in die französische Armee verwehrt wurde. FRIEDRICH II. war ebenfalls klein und schon in recht jungen Jahren leidend und klapprig.

Und schließlich NAPOLEON: Von allen Machthungrigen der Weltgeschichte verstand er es wie kein Zweiter, seine ganze umwerfende Energie, seine geistige Schnelligkeit und Präzision, Menschenkenntnis und Motivationsgabe, seine Phantasie und sein Organisationstalent in den Dienst eines einzigen Triebes zu stellen: des Machttriebes. Wer so schwach war wie Napoleon, brauchte eine Riesenportion Zusatzkraft.

Als Kind schon auffallend klein und schwächlich, mußte er sich mit Krallen und Zähnen wehren, am meisten gegen seinen älteren Bruder JOSEPH. Wegen seiner Zierlichkeit wurde er in eine Mädchenklasse geschickt – und das in Korsika, dem Land der Machos. Damals schon litt er an »Je ne peux pas pisser.« Der Psychosomatiker denkt bei Dysuria sofort an eine seelische Komponente, ebenso bei der juckenden Dermatose Napoleons. In der Familie Buonaparte herrschten verworrene Familienverhältnisse: Der Vater war ein Winkeladvokat und Windhund, lebte meist in Frankreich und war Erzeuger mehrerer unehelicher Kinder. Die Mutter galt als herrisch-streng, sie schlug Napoleon wiederholt die Nase blutig. War der Vater einmal zu Hause, mußte er die Kinder sogar gegen die Prügelpädagogin in Schutz nehmen. (Einige Tage vor seinem Tode rief Napoleon, bereits im Delirium: »Oh, Mutter, oh, Mutter«, ähnlich dem 91jährigen WILLIAM SOMERSET MAUGHAM, der ebenfalls ungelöste Probleme mit seiner viel zu früh verstorbenen Mutter mit ins Grab nahm.)

Da gab es noch den französischen Generalgouverneur MARBŒUF. Wenige Monate nach Korsikas Eroberung durch die Franzosen war er oft gesehener Gast bei den Buonapartes, sicherlich nicht wegen des häufig abwesenden Hausherrn, auch nicht wegen der Kinderschar oder des bescheidenen Hauswesens, eher wohl wegen der bildschönen Hausherrin LAETITIA. Napoleons Mutter, ein Besatzerflittchen? Nationalistische Korsen behaupteten es. Als dann gar drei ihrer Söhne Stipendien für Adelsschulen in Frankreich erhielten, sprach man offen von Marbœufs Protektion.

Zehnjährig kam Napoleon, der Franzosenhasser, nach Frankreich, zunächst auf eine Sprachschule, dann zu Patres in die trübe Champagne. Vom ersten Tage an hänselten ihn die Mitschüler, die Söhne von Grafen und Herzögen: winzig klein, schmächtig, mit olivfarbenem Teint, provinziell, ärmlich – und welch ein Französisch! Er sprach seinen Vornamen korsisch aus – »Napojoné« – und hatte sofort seinen Spitznamen weg: »la paille au nez« – Stroh in der Nase. Er haßte die Franzosen, die Vergewaltiger seiner Heimat (seiner Mutter?), er haßte das kalte, flache Nebelland. Noch mit 24 Jahren war er Parteigänger des korsischen Freiheitshelden PAOLI.

Ein weiteres beschämendes »Detail«: Sofort nach Napoleons Tod sezierten ihn englische Militärärzte auf Korsika und charakterisierten seine Geschlechtsteile: »more puero« – »auf Knabenart«. Zuvor war schon etwas darüber verlautet: Während des ägyptischen Feldzugs hatte General Bonaparte mit der Frau eines Unteroffiziers ein Verhältnis angefangen. Als sie gefragt wurde, wieso die Affäre so lange ohne Folgen bliebe, antwortete sie, sie könne sich nicht vorstellen, wie man von so etwas schwanger werden könne ...

Schon lange vor ALFRED ADLER vermerkte ein Dr. med. P. SER-VANT in der Biographie »*Les Derniers Jours de Richelieu*«: »Ein manchmal noch so unbedeutendes Symptom befindet sich oft hinter Ereignissen, welche die Geschichte verändern.« Dafür liefert Alfred Adlers Leben den besten Beweis:

Mit vier Jahren an einer schweren Lungenentzündung erkrankt, hörte Adler, wie der Arzt seinen Zustand »hoffnungslos« nannte. Da fing er an, über Krankheit nachzudenken, und wollte selbst Doktor werden. Der Lehrer des Zehnjährigen riet dem Vater, Alfred wegen mangelnder Rechenkenntnisse von der Schule zu nehmen und ihn einen Flickschuster werden zu lassen. Diesmal erteilte der Schüler dem Lehrer eine Lektion, indem er zum besten Rechner der Klasse wurde. Und als ihm später trotz seiner wissenschaftlichen Leistungen ein Lehrstuhl an der Universität verweigert wurde, brachte Adler seine Erkenntnisse buchstäblich als Volksredner unter die Leute. In vollen Sälen wurde der kleingewachsene Mann zum rhetorischen Riesen, zum Propagandisten einer modernen Kindererziehung.

Sowohl FREUD als auch ADLER stehen in FRIEDRICH NIETZSCHES Schuld. Nietzsche gilt als der Philosoph des Willens zur Macht und übertrug den Begriff »Sublimation« aus dem Chemischen ins Psychologische. Nach ERNEST JONES, einem Biographen Freuds, habe dieser im Privatgespräch zugegeben, daß »Nietzsches Vorahnungen und Einsichten oft in erstaunlicher Weise mit den harterworbenen Ergebnissen der Psychoanalyse übereinstimmen«. Und Adler hätte gestehen müssen, daß Wesen, Wirken und Effekte seines Werkes mehr als zur Hälfte bei Nietzsche nachzulesen sind, freilich nicht in medizinischer Terminologie.

Ein großer Teil von Nietzsches Werk besteht in dem Studium seiner eigenen Minderwertigkeitskomplexe, gesehen mit den Augen des bisher größten Psychologen und Selbstzerfleischers. Er verstand es, seine Dekadenzprobleme in welthistorisches Format zu sublimieren. Mit fünf Jahren schon Halbwaise, wurde der Junge in einem Haushalt von sechs Frauen (Großmutter, Mutter, zwei Schwestern, zwei Tanten) erzogen, litt bereits als Kind an schlimmen Kopfschmerzen, hatte schon vor dem 26. Lebensjahr Syphilis – mit schrecklichen Vorboten einer späteren Geisteskrankheit; er war von gedrungener Kleinwüchsigkeit und sah so schlecht, daß er auf seinen Reisen in Hotels wildfremde Menschen bat, ihm vorzulesen. Muß man da noch staunen, daß er vom »Übermenschen« phantasierte, von »Frauen als dem Spielzeug des Mannes« oder vom Weibe, das man mit der Peitsche aufsuchen solle, von der »großen Gesundheit«, der »fröhlichen Wissenschaft«?

Vergessen und Erinnerung

Es fasziniert Psychotherapeuten immer wieder, wie bedeckt sich Patienten zunächst geben: kein Wort von Haß auf die Eltern oder Geschwister, kein Hinweis auf Rachsucht oder Minderwertigkeitsgefühle. Bis dann nach einigen Gesprächen die Tränen fließen bei Berichten über seelische Verletzungen, Selbstzweifel, Ängste, Todeswünsche, Haßtaktiken, echtes und eingebildetes Versagen, wirkliche und imaginäre Defekte. Aber nicht nur in der Praxis habe ich solche Lebensbilder erfahren, auch in Hotelzimmern, wenn mich Teilnehmer an Wirtschaftsseminaren um ein privates Gespräch baten.

Dabei kommt doch immer nur ein Teil des Ganzen ans Licht, denn vieles wurde gründlich verdrängt und scheinbar vergessen, wirkt aber tief innen weiter. Und ein Teil wird verschwiegen – wie FJODOR DOSTOJEWSKIJ in *»Aufzeichnungen aus einem Kellerloch«* so beredt verriet: »Jeder Mensch erinnert sich an etwas, das er nicht jedem erzählen würde, sondern bloß seinen Freunden. Anderes aus seinen Erinnerungen würde er nicht einmal seinen Freunden berichten, sondern nur sich selbst, und das heimlich. Aber es gibt noch weitere Ereignisse, die er sogar sich selber nicht zu erzählen getraut – und jeder Mensch hat eine Reihe solcher Dinge tief in sich vergraben.«

Ein kleiner Ausflug ins Reich der Gehirnanatomie und -physiologie scheint notwendig, wollen wir verstehen, warum wir einerseits soviel vergessen, andererseits uns nach Jahren noch an scheinbar unbedeutende Ereignisse erinnern.

Betrachten wir die nur einige Millimeter dicke Großhirnrinde im Elektronenmikroskop, sehen wir: Ein stecknadelgroßer Teil enthält ungefähr 30 000 Nervenzellen! Man sieht einen kleinen, flauschigen Teppich, der aus feinsten Fäden geknüpft ist, den untereinander verschalteten Nervenfasern. Stellen Sie sich einen briefmarkengroßen Ausschnitt dieses Teppichs vor: Nicht größer und etwa nur drei Millimeter dick ist unser Sehzentrum, in dem alle von den Augennerven ankommenden bioelektrischen Impulse in Reize umgesetzt werden, die wir dann zum Beispiel als Haus, Tür, Hund oder Steinpilz erkennen.

Wie in einer großen Bibliothek auf einem bestimmten Regal alle Bücher über die Pferde und auf einem anderen alle Werke über Präsident LINCOLN stehen, so sind in Ihrer Großhirnrinde an einer bestimmten Stelle alle Ihre Erinnerungen an das Aussehen Ihres ersten Lehrers oder an die Stimme Ihrer Lieblingssängerin abgelegt oder an den Faustschlag, den Sie einmal von einem Schulkameraden erhalten haben. Werde ich nun durch ein Wort oder eine andere Assoziation an eine bestimmte Situation erinnert, richtet sich – bildlich gesprochen – ein Lichtstrahl auf jene Stelle in meinem Gehirnteppich, an der diese Szene registriert ist. Sie leuchtet auf, und ich sehe vor einem dunklen Umfeld klar den Vorfall. Ich erlebe diesen so intensiv, daß ich währenddessen nichts anderes sehe, höre oder fühle. Er ist für die Zeit der Erinnerung der einzige Inhalt meines Bewußtseins.

Bewußtsein ist die Bezeichnung für das, worauf sich unsere Aufmerksamkeit im Augenblick konzentriert. Beim Wiedererleben von Unterbewußtem heben sich Bilder und Sprache nicht so klar vom Hintergrund ab; sie bleiben verschwommen. Unbewußtes ist entweder wegen mangelnder Bedeutung vergessen oder zum Schutz unseres Bewußtseins verdrängt und ebenfalls vergessen worden.

Ich weiß nicht, wie oft, wann und wo ich beim Erlernen meiner Muttersprache verbessert worden bin, ob von meinem Vater oder einem zufällig anwesenden Besucher. Ich weiß nicht, wer mir wann oder wo gezeigt hat, wie man beim Essen die Gabel hält, und wer mich geführt hat, als ich zum ersten Mal eine Treppe hinabgegangen bin. Ich habe das gelernt, wie ich gelernt habe, in welcher Reihenfolge in meiner Muttersprache Wörter gesetzt werden. Dieses Vergessen hat nichts zu tun mit der Abfallgrube, in der Ereignisse landeten, an die ich nicht mehr erinnert werden will, weil ich sonst Ängste oder Scham empfinden müßte.

Menschen mit einem Minderwertigkeitskomplex beleuchten jedoch – meist unbewußt – gewisse negative Erinnerungen besonders stark, lang und oft.

Ein Beispiel: Ein rhetorisch begabter Mann hat schon viele interessante, ja packende Vorträge gehalten. Er könnte stolz darauf sein. Gewiß, der kräftige Beifall tut ihm jedesmal gut, aber ist hinterher schnell vergessen. Dagegen wird er immer wieder an die wenigen falschen Bemerkungen erinnert, die er bei im

Grunde bedeutungslosen Gesprächen gemacht hat. Er denkt nicht oder ganz selten an seine Siege, aber oft und ausgiebig und jedesmal mit fast schweißtreibender Erregung an seine kleinen Diskussionsniederlagen. Warum? Bei seinen rhetorischen Siegen befand er sich nie auch nur einen Augenblick lang in Gefahr, sich zu blamieren oder in Frage gestellt zu werden. Seine kleinen Diskussionsniederlagen aber berührten sein Unterbewußtes, und er entsann sich, wie ihm als Kind das Wort vom Vater abgeschnitten, er wegen einer kleinen Unbedachtsamkeit verhöhnt und ermahnt worden ist, künftig bei Tisch ja den Mund zu halten. Damals fühlte er sich verängstigt, vergewaltigt und in Gefahr, auch die Zuneigung der Mutter zu verlieren, denn nie widersprach sie dem Vater, nie nahm sie den Sohn in Schutz.

Die Natur stattete uns mit einem ungestümen Überlebenswillen aus. Bewußt oder unbewußt kennt ein Mensch mit Gefühlen des Unzulänglichen seine Schwächen, seine Verwundbarkeiten, seine Punkte des geringsten Widerstands. Daher werden die Erinnerungen von Minderwertigkeitsgefühlen, die sich zu einem Minderwertigkeitskomplex verdichtet haben, ein Leben lang bevorzugt in unserem Gehirnteppich angestrahlt, damit wir sie ganz deutlich erleben. Sie sollen uns mahnen: »Paß auf, damit dir dies nicht noch mal passiert und du dann wieder ohne Liebe, Anerkennung, von hilfloser Einsamkeit bedroht dastehst!«

Ein Optimist hat schon hundertmal etwas probiert und jedesmal Mißerfolg gehabt. Auf sein Pech angesprochen, antwortet er: »Du wirst sehen, das nächste Mal klappt es ganz bestimmt!« Ein Pessimist dagegen hat schon hundertmal hintereinander Erfolg gehabt, obwohl er schon beim ersten Mal überrascht war, daß es geklappt hat. Das sind zwei grundverschiedene Weltsichten, die bereits in frühester Kindheit entstehen. Kind A traut sich viel zu, fällt hin, steht auf, wackelt weiter, fällt wieder hin, schreit – mehr aus Wut über seinen Mißerfolg als über

Schmerzen – und macht weiter. Kind B traut sich wenig zu, geht ängstlich vor, hat den ersten Mißerfolg und gibt auf.

Vorläufige Diagnose: Minderwertigkeitskomplex

Natürlich ist eine erste Diagnose nicht unbedingt die Enddiagnose; oft reichen aber die verfügbaren Fakten nur zu einer Diagnose aufgrund weniger, nicht weiter nachprüfbarer Fakten. In einer solchen Situation befinden sich häufiger, als wir ahnen, nicht nur Historiker und Journalisten. Auf die Diagnose »Minderwertigkeitskomplex« verfallen wir selbst täglich, wenn uns eine arrogante Verkäuferin begegnet, ein buckelnder Vertreter, ein allgewaltiger Verkehrsschutzmann, ein Prügelpädagoge, ein Asylantenjäger, ein herrischer Chef, ein Hausmeister mit dem Auftreten eines Innenministers, ein Bundeskanzler, der alle paar Sekunden den Sitz seiner Krawatte überprüfen muß und so weiter und so fort.

Zum Thema Tiefenpsychologie fallen uns fünf Namen und deren Theorien ein:

O SIGMUND FREUD. Seine Theorie: Die Libido möchte sich ausleben, wird daran oft mit Drohgebärden (Tabus) gehindert, was zunächst Scham und Ängste hervorruft. Diesen unangenehmen Zustand wollen wir vergessen – wir verdrängen ihn ins Unter- und ins Unbewußte.

O ALFRED ADLER. Seine Theorie: Menschen mit geringem Selbstwertgefühl fühlen sich auf gewissen Gebieten minderwertig, unterlegen, bedroht und überstrecken sich deswegen, indem sie kompensieren und überkompensieren oder erpressen.

O CARL GUSTAV JUNG. Seine Theorie: Die Charakterentwicklung kann irgendwo, irgendwann »hängenbleiben«. Dann fühlen wir uns als eine Art »halbe Portion«, die ihre Nachreifung (Selbstverwirklichung, Ganzwerdung, Individuation) vollenden will.

○ KAREN HORNEY: Sie entfernte sich von Freud, näherte sich Adlers Ideen und sieht in unbewußter Angst (Urangst, aber auch situativen Ängsten) den Motor für die Entstehung von Neurosen.

○ FRANZ ALEXANDER: Er zeigt uns, wie aus den oben erwähnten menschlichen Unzulänglichkeiten psychosomatische Krankheiten werden können.

Wovon handeln all die Theorien dieser großen Geister? Von Unzulänglichkeiten, Unzufriedenheit mit sich und der Welt, Ängsten, Gefühlen dauernder Unreife – wenn das nicht auf Minderwertigkeitskomplexe hindeutet ....

Im folgenden möchte ich einige Beispiele für (unbekannte) Minderwertigkeitskomplexe von öffentlichen Personen aus der jüngeren Geschichte nennen:

Wer von uns hat vor der Watergate-Affäre geahnt, daß Präsident R.M. NIXON ein Paranoiker und obendrein ein zutiefst verunsicherter Mensch war? Wer von uns hat dem strahlenden J.F. KENNEDY die schwere Erkrankung seiner Nebennieren angesehen, die von Familie und Weißem Haus stets geleugnet wurde, und wer wußte damals von seinem Sexhunger? Kennedys Nachfolger L. B. JOHNSON ließ bald nach einer Operation Journalisten die schnell heilende Wunde bestaunen. Hätte er ihnen aber die Wunde auf dem Rücken gezeigt, wäre es um die Mär vom »kerngesunden« Präsidenten geschehen gewesen. OTTO VON BISMARCK, der Typ des sprichwörtlichen preußischen Junkers, vital bis zum Platzen, ein kraftstrotzender Haudegen, war in Wirklichkeit jahrzehntelang ein ewig kränkelnder Neurastheniker, geplagt von Migräne, Gesichtsneuralgien, Magenbeschwerden und Weinkrämpfen.

Können Sie sich die fast endlose Serie von Enttäuschungen vorstellen, wenn sich jemand zunächst für Geschichte und dann erst für Psychologie interessiert? Wie wird da geschwärmt für ALEXANDER, für CAESAR und ein gutes Dutzend weiterer antiker Helden, die alle ihre schwachen Punkte hatten.

Bestimmte Menschen erlangen eben nicht *trotz* ihrer Schwächen, Gebrechen und Idiosynkrasien Bedeutung, sondern gerade *wegen* ihrer Unzulänglichkeiten, die sich dann allerdings mit gewissen Fähigkeiten paaren müssen.

Was immer wir über die krankhaften Unzulänglichkeiten der mehr oder weniger Berühmten erfahren, ist stets nur die Spitze des Eisberges. Und das gilt auch für alle unsere Mitmenschen.

Ich muß zugeben, daß ich viele meiner Bekannten, die ich nach Hunderten von Stunden des Beisammenseins gut kennen müßte, eigentlich nicht kenne. Viel zuwenig weiß ich über ihre Kindheit, über die Verletzungen ihres Selbstwertgefühls in frühen Jahren, über ihre enttäuschten Träume. Selbst wenn sie darüber sprechen, können sie sehr wenig vom Unterbewußtsein und nichts vom Unbewußten berichten, also von Dingen, die meist so schrecklich waren, daß sie verdrängt werden mußten. Gespräche über Intimitäten gehören sowieso nicht zum guten Ton. Der verwundete, nackte Mensch ist sich selbst ein Greuel, ein unschöner Anblick wie ein aufgeschnittener Leib ...

Der Wert eines Menschen

Was wir anstreben, was wir besitzen und behalten wollen, ist für uns ein *Wert*. Und der Besitz von Wertvollem erhöht auch unser Selbstwertgefühl. Deswegen hängen Werturteile immer auch von unseren Gefühlen ab. Ich mag eine Person, die mir etwas wert ist, die mich zum Beispiel gut unterhält, die mich im großen und ganzen so akzeptiert, wie ich bin, die in mir vielleicht sogar mehr sieht.

Das wichtigste Werturteil für jeden ist jedoch sein Urteil über sich selbst. Unsere Selbsteinschätzung beeinflußt unser Denken, unsere Gefühle, unsere Ziele, unsere Entwicklung und unser Verhalten, denn der Mensch ist, laut SCHOPENHAUER, das Produkt seiner Gedanken über sich selbst.

Psychologisch vorzugehen heißt, die Selbsteinschätzung eines Menschen zu ermitteln und den Maßstab kennenzulernen, den er an sich anlegt und mit dem er sich mißt. Der Depressive hält überhaupt nichts mehr von sich und denkt an Selbstmord. In der Biographie eines Fatigue-Syndroms ist immer eine Erschütterung des Selbstwertgefühls zu vermuten, die weitere Aktivitäten als sinnlos erscheinen läßt und den Patienten so schlapp macht, daß er nur noch tatenlos herumsitzen und -liegen kann.

Was wir von uns selbst halten, hängt aber entscheidend davon ab, was wir glauben, wie andere über uns denken. Vermuten wir, daß andere so gut über uns denken, daß wir ihnen sogar vertrauen können, fühlen wir uns in ihrer Gesellschaft sicher. Sie sind wertvolle Menschen für uns.

Gelte ich etwas, muß der andere mich respektieren. Respektiert er mich wirklich, weiß ich, daß ich ihm etwas gelte, vor ihm also sicher bin. Er wird mich nicht zu einem gefährlichen Kampf herausfordern, in dem ich unterliegen könnte.

Im Lauf unserer Entwicklung lernen wir, was in den Augen anderer wertvoll ist und uns selbst Wert verleiht. Andere Menschen sind die Voraussetzung für unseren Lebenserfolg – ohne Leser kein Schriftsteller, ohne Zuschauer kein Schauspieler, ohne Brotesser kein Bäcker, ohne Kranke kein Arzt. Ohne Anerkennung durch andere kann kein positives Selbstwertgefühl entstehen. Und Selbstvertrauen ist nicht zuletzt das Gefühl, mit anderen gut zurechtzukommen.

Die Welt der Erwachsenen muß einem Kleinkind zunächst völlig unverständlich, widersprüchlich und nur zu oft auch feindselig erscheinen. Grundsätzlich will es sich aber in dieser queren Welt zurechtfinden, eben weil es ihm dann bessergeht. Und solange ein Kleinkind nicht aufgibt, die Welt der Erwachsenen zu verstehen und sich zu integrieren, erlebt es die ersten großen Erfolge, es erfährt Anerkennung und entwickelt Selbstwertgefühl. Zwingt aber erwachsener Unverstand das Kleinkind zur Aufgabe seiner Anpassungsbemühungen, muß es sich selbst aufgeben, und ein Gefühl der Wert- und Hilflosigkeit ist die Folge. Dieser Mensch wird fortan auf alle Menschen so reagieren, wie er auf seine ersten Kontaktpersonen reagieren mußte: mit Ängsten und Flucht.

Wer ist
betroffen?

1. Die seelischen Frühwaisen

Seit ich mich mit Geologie befasse, weiß ich erst, was ich zuvor auf meinen vielen Reisen nicht gesehen habe. Und seit ich Biographien lese, weiß ich, wie oft ich früher übersehen habe, wann ich es mit einem Frühwaisen zu tun hatte.

Ein 70jähriger erzählt: »Ich war trotz Krieg, Verwundungen und Gefangenschaft in einem russischen Hungerlager nie so hilflos und entsetzt wie in den 15 Sekunden in meiner Kindheit, als auf einem Volksfest meine Eltern in der Dunkelheit verschwunden waren. Ich glaubte, nun sei ich für immer verloren. Sie hatten es gar nicht bemerkt und schalten mich, weil ich nicht mehr zu schluchzen aufhören konnte. Ich muß damals vier, fünf Jahre alt gewesen sein.«

Wer in seiner Kindheit die Liebe einer Mutter erfahren konnte, hat das Beste im Leben schon gehabt. Die anderen müssen es ein Leben lang erst suchen, sagt MAUGHAM. Verläßt die Mutter das Kleinkind und kommt nach einer Woche mit einem Wesen – dem neuen Geschwisterchen – zurück, um das sich nun alles dreht: Wie verzweifelt muß das Kind sein! Man vergleiche diese Situation etwa mit folgender: Die Frau verläßt ihren Mann und kommt nach etwa acht Tagen mit ihrem neuen Liebhaber zurück, den sie umgarnt und der bei ihr schlafen darf. Freilich tröstet sie ihren Ehemann immer wieder, sagt, daß sie ihn trotzdem noch liebe, doch kann er das glauben?

Es gibt viele Möglichkeiten, die Liebe der Eltern zu verlieren, nicht nur durch deren Tod, weswegen hier von *seelischen* Waisen die Rede ist.

Eine Liste der »Geistesheroen« aufzustellen, die mit ihren Philosophien über lange Zeiträume die Menschen ganzer Kontinente gesteuert haben, ist natürlich willkürlich und diskutabel. Die folgenden elf Männer erfüllen aber die Kriterien von lang andauernden, übernationalen geistigen Einflüssen: MOSES, KONFUZIUS, LAO-TSE, BUDDHA, PLATO, ARISTOTELES, JESUS, MOHAMMED, ADAM SMITH, JEAN-JACQUES ROUSSEAU, KARL MARX.

Warum Adam Smith und Rousseau in dieser illustren Runde? Smith als der Initiator der kapitalistischen Religion von Arbeitsteilung, Produktion, Handel und Wandel und der täglich praktizierten Moral, daß der Egoismus des einzelnen einen Vorteil für die Gesamtheit bedeute. Und Rousseau als der intellektuelle Geburtshelfer der Französischen Revolution von 1789 mit ihrem Schrei nach Menschenrechten, wirtschaftlicher Gleichheit, sprich: sozialer Gerechtigkeit.

Soweit glaubwürdige Daten vorliegen, handelt es sich bei diesen elf größten Programmatikern samt und sonders um Waisenkinder, ob nun Halb- oder Vollwaise oder »nur« seelische Waisen (wie im Falle Karl Marx).

○ MOSES wurde in einem Körbchen ausgesetzt, von einer Pharaonentochter erzogen, die möglicherweise als uneheliche Mutter das Kind ausgesetzt und »zufällig« gefunden hat.

○ KONFUZIUS verlor mit drei Jahren seinen Vater und wurde von seiner Mutter in ärmlichsten Verhältnissen erzogen.

○ LAO-TSE wurde von einem Lichtstrahl erzeugt und kam nach 72jähriger Schwangerschaft seiner Mutter als grauhaariges Baby aus deren Achselhöhle auf die Welt.

○ BUDDHAS Mutter starb bald nach seiner Geburt.

○ PLATO verlor als Kind seinen Vater.

○ ARISTOTELES kam, sehr jung Vollwaise geworden, zu einem »Verwandten« namens PROXENUS. Seine Erinnerungen an jene Zeit: »Und was für ein Leben führt man in der Kindheit! Kein Vernünftiger würde freiwillig in die Kindheit zurückkehren.«

○ JESUS: Kirchenoffiziell sind Zeugung, Vater und jungfräuliche Mutter ähnlich romantisch wie Lao-tses Abstammung. Mit zwölf Jahren blieb er im Tempel bei den Schriftgelehrten und folgte erst nach Protest Mutter und Stiefvater. Und Lukas schuf mit der rührenden Geschichte von Jesu Geburt den Kult der Heiligen Familie, stellt aber dann im 14. Kapitel seines Evangeliums einen emanzipierten Jesus vor: »So jemand zu mir kommt und haßt nicht seinen Vater, Mutter, Weib, Kinder, Brüder, Schwestern, ja selbst seine eigene Seele, der kann nicht mein Jünger sein.« Nach diesen Worten scheint Jesus – vorsichtig ausgedrückt – nicht gut auf seine Verwandtschaft zu sprechen gewesen sein, was an jenen Juden erinnert, der wiederholt das Wort »Mischpoche« (jiddisch für Verwandtschaft) verwendet, nach dessen Sinn ihn sein christlicher Gesprächspartner fragt. Als der Jude einige Sekunden lang nach einer Definition sucht, will der andere nachhelfen: »Ist Mischpoche etwas zum Essen?« – »Nein, zum Kotzen!«

○ MOHAMMEDS Vater soll kurz vor der Geburt des Sohnes gestorben sein, die Mutter bald darauf. Wahrscheinlich erzogen ein Großvater und ein Onkel das Waisenkind.

○ ADAM SMITHS Vater starb, ohne seinen Sohn gesehen zu haben.

○ ROUSSEAUS Mutter starb bei seiner Geburt, der Vater ließ ihn als Zehnjährigen allein und mittellos sitzen.

○ MARX hat seine Mutter gehaßt und seinen Vater verachtet.

In seinen Briefen nennt er die Mutter nur »die Alte«, die wieder einmal nicht mit dem Geld herausrücken wolle und die »nicht abkratzen kann«. Sein gutmütig-schwacher Vater tadelte Karl wiederholt wegen dessen Herzlosigkeit. Herzlos erpreßte der noble Student auch seinen Vater, einen kleinen Advokaten, weil der ihm nicht genügend Geld schicken konnte, um wie ein Sproß begüterter Adliger leben zu können.

Was haben diese elf großen Programmatiker außerdem gemeinsam? Nun, sie waren schlicht die Wegweiser zu einer besseren Welt. Für jeden kam der Tag, da sie sich fragten: »Muß diese Erde für immer dieses Jammertal bleiben, wie ich es erlebt habe und erlebe? Laßt uns über eine bessere Welt nachdenken!« Und was sie aus dieser Unzufriedenheit machten, waren geniale Meisterleistungen des Kompensierens.

Daneben gab es noch eine Anzahl ähnlich kluger, aber nicht so erfolgreicher »Augenöffner«. Für den ganz großen Erfolg muß nicht nur die Fähigkeit vorhanden sein, sondern auch die Gelegenheit, die die elf oben Genannten zu nutzen wußten.

O SOKRATES war von abstoßender Häßlichkeit, und das im schönheitstrunkenen Athen! Er muß an sich selbst gedacht haben, als er sagte, er habe schon viele schöne Männer mit unschönem Charakter gesehen, dafür aber unvorteilhaft Aussehende mit einer edel-schönen Seele. Ein guter Trost, sprich: eine gute Kompensation, die einen dazu brachte, an seinem Charakter zu feilen, weil man sein Gesicht damals noch nicht veredeln lassen konnte.

O EMPEDOKLES wurde wie ein Gott vom Volk verehrt, das ihm sogar die Königswürde antrug, die er ausschlug; aus Verzweiflung soll er in den Ätna gesprungen sein. Frühwaise.

○ ERASMUS war das uneheliche Kind von Margaret, einer Arzttochter, und Gerard, der Pfarrer wurde; klein, syphilitisch.

○ MICHEL MONTAIGNE war auffallend klein, mit sechs Jahren von aller Welt, auch von seinen Eltern, abgeschnitten, damit er von einem Mann, der nicht französisch sprechen konnte, Latein lernte.

○ THOMAS HOBBES: »Meine Mutter gebar Zwillinge, mich und die Angst.« Der lebenslange Angsthase philosophierte über das biblische Ungeheuer, das menschenfressende Krokodil Leviathan, gegen das nur der absolutistische Staat schützen könne.

○ THOMAS MORUS: Erträumte er sein Utopia, weil er als Frühwaise die Freuden dieser Erde nicht bei seiner Mutter gefunden hatte?

○ FRANÇOIS FÉNELON war klein und schmächtig; kam mit zwölf Jahren in ein Jesuitenkloster und entdeckte dort die für seine Zeit neue Erkenntnis: Das Kind ist *nicht* ein kleiner Erwachsener.

○ IMMANUEL KANT war ebenfalls klein, schmächtig, rachitisch, kurzatmig seit früher Jugend; er »kompensierte« sich sein »Wage zu wissen, wage zu erkennen«.

○ ARTHUR SCHOPENHAUER litt schon als Kleinkind an pathologischen Ängsten, so daß ihn seine Eltern nur mit Komplikationen fremder Aufsicht überlassen konnten. Mit 16 Halbwaise durch den Selbstmord seines hochverehrten Vaters. Wie er die Zeit davor sah: »Da mein eigener Vater siech und elend an einen Krankenstuhl gebannt war, wäre er verlassen gewesen, hätte nicht ein alter Diener sogenannte Liebespflicht an ihm erfüllt. Meine Mutter gab Gesellschaften, während er in Einsamkeit verging, und amüsierte sich, während er bittere Qualen litt. Das ist Weiberliebe.« Schon sehr früh wünschte er sich und allen, nie geboren worden zu sein.

○ FRIEDRICH NIETZSCHE verlor mit fünf Jahren seinen Vater; erinnerte sich aber daran, wie komisch es gewesen sei, seinen Vater auf der Kanzel zu sehen, wenn man ihn kurze Zeit zuvor noch in Unterhosen erblickt habe. Der Apologet und Propagandist der Macht war seit früher Jugend krankhaft schwächlich und leidend, lange bevor sich auch noch die Qualen der Syphilis meldeten.

○ JOHANN HEINRICH PESTALOZZI wurde nach dem frühen Tod seines Vaters von seiner Mutter und einem Großvater erzogen.

Auch einige der größten Spötter und bissigsten Zyniker können in diese Liste der seelischen Frühwaisen aufgenommen werden:

○ JUVENAL: Der römische Satirendichter wurde von einem Paten erzogen. Sein bekanntester Ausspruch: »Difficile est satiram non scrivere« (Es ist schwer, keine Satire zu schreiben). Aufschlußreich über seine Kindheit ist der Satz: »Maxima debetur puero reverentia« (Die höchste Achtung sind wir dem Knaben schuldig oder, ganz frei übersetzt: Beleidige nie des Kindes Selbstwertgefühl).

○ PIETRO ARETINO galt als »Bastard«. So nannte man damals Kinder hoher Herren und niederer Frauen, in diesem Fall Sohn der schönen Tita, der Tochter aus dem Volk, und des Ziehvaters Luca, eines Schuhmachers, der damit allerdings für den Spaß eines anderen aufkommen mußte.

○ JONATHAN SWIFT wurde nach dem Tod seines Vaters geboren, von der Frau seines Onkels erzogen und sehr früh auf ein College gegeben.

○ VOLTAIRE verlor seine Mutter mit sieben Jahren, wurde anschließend in eine Jesuitenschule gesteckt: »Ich bin sieben Jahre von Männern erzogen worden.« Er hielt nicht viel von seinem Vater, so daß er seiner Mutter Liebschaften mit Adligen unterstellte, er sich also gesellschaftlich nach oben dichtete.

Beleidigen Eltern das Selbstwertgefühl eines Kindes, kann ihr Verschwinden ähnlich zum Segen werden wie das Ausscheiden aus einer verhaßten Schule oder der Wechsel von einem ungeliebten Lehrer zu einem beliebten.

Verwaisung, vor allem durch den Tod der Mutter, wird aber oft als schwerer Verlust betrachtet, als das unwiderrufliche Ende von Liebe, Wärme und Sicherheit. Dieses Gefühl des Verlustes kann beim Kind zu grundverschiedenen Reaktionen führen, von denen einige der häufigeren sind:

- »Diese Welt ist gegen mich; selbst meine Eltern nimmt sie mir: Ich verachte und hasse diese Welt.«
- »Was mir entgeht, was mir fehlt, hole ich mir anderswo: Bewunderung, Liebe, Selbstachtung, Prestige – und Vergessen.«
- »Diese Welt darf nicht so herzlos bleiben; ich will sie verbessern, eine bessere Welt entwerfen und verwirklichen.«
- »Dieses Jammertal ist nicht zu ändern; erst im nächsten Leben werde ich für meine Qualen belohnt.«

Historische Beispiele

Dem römischen Biographen SUETONIUS (70–140 n.Chr.) fiel auf, daß von zwölf Cäsaren zehn sehr früh Waisen geworden waren (»*Das Leben der Cäsaren von Gaius Julius Cäsar bis Domitian*«). Und 60 Prozent der britischen Premierminister zwischen dem Wiener Kongreß von 1814 und dem Beginn des Zweiten Weltkriegs hatten ein ähnliches Schicksal, während die

Durchschnittsquote von Waisenkindern jener Jahre in Großbritannien bei 1,5 Prozent lag. Die Premierminister gehörten der Oberschicht an, die ihre Söhne traditionell mit sieben Jahren auf eine Vorschule an einer der berühmten Public Schools wie Eton, Harrow oder Winchester schickten. Mit zehn Jahren kamen die Jungen dann auf die Public School, und mit achtzehn Jahren gingen sie nach Oxford oder Cambridge.

Wurde eine zur Oberschicht gehörende Britin in den Kolonien schwanger, brach sie von dort so rechtzeitig auf, daß sie in der Heimat entbinden konnte, denn ein Kind mit Geburtsort Kingston, Kalkutta oder Kuala Lumpur wäre schief angesehen worden. Kehrte die Mutter dann zu ihrem Mann in die Kolonie zurück, ließ sie das Kind in Großbritannien. Oft kannten diese Kinder ihre Tanten und Großmütter wesentlich besser als ihre eigenen Mütter. So wuchsen Generationen von britischen Führungskräften heran, und ähnliche Verhältnisse galten auch für die anderen Kolonialmächte.

Die spätere Rache für kindliche Frustrationen: die Suche nach Macht. Macht ist in letzter Instanz ein Buhlen um »strokes« in Form von Anerkennung und Bewunderung mit der Möglichkeit, seine Ressentiments abreagieren zu können.

Opfer einer eiskalten Erziehung

TALLEYRAND wurde kurz nach seiner Taufe einer Frau übergeben, die in einem Außenbezirk von Paris lebte. Er blieb dort bis zu seinem vierten Lebensjahr. Mit vier Jahren fiel er dort von einer Kommode und verletzte sich den Fuß, die Ursache seines Hinkens, das dem Kind und späteren Mann soviel Kummer und seinen Feinden soviel Freude bereitete. »Meine frühen Jahre verliefen freudlos«, schrieb er in seinen Memoiren. Er kannte seine Eltern kaum. Mit 80 Jahren erinnerte er sich noch an den einzigen Besuch eines Verwandten, eines Onkels, der ihn »in Lumpen gehüllt im Schnee bei der Vogeljagd« fand.

BISMARCK wurde als Kind in ein Internat gesteckt, damit seine Mutter ihren Vergnügungen nachgehen konnte: »Sie hat mein Leben ruiniert.« Und CHURCHILL fühlte sich im Internat so elend, daß er zu stottern anfing, bis er durch Revolten seine Entlassung erzwang.

Muttersöhnchen

VOLKER ELLIS PILGRIM legt in seinem Buch »*Muttersöhne*« das Problem vieler Männer dar: Grundsätzlich kann sich ein Junge nicht mit seiner Mutter identifizieren, denn er soll ja ein Mann und nicht eine Frau werden. Sehr oft ist es ihm aber auch versagt, sich mit seinem Vater zu identifizieren, sich an ihm entwickeln und an ihm hochwachsen zu können. Gründe für die mangelnde Identifikation mit dem Vater:

○ Es gibt ihn nicht (mehr).
○ Er ist so häufig abwesend, daß er für den Jungen zum Fremden wird.
○ Die Mutter achtet den Vater nicht, der Vater erscheint verachtenswert.
○ Der Junge will sich mit einem Dummkopf, Schwächling oder Sadisten nicht identifizieren.

So wird der Junge Halbwaise väterlicherseits und klammert sich um so stärker an die Mutter, behält starke weibliche Züge – mag er nach außenhin später auch noch so männlich wirken. Lehnt der Junge seinen Vater als unbedeutenden, lächerlichen Weichling ab, kann er ein Leben lang Männer suchen, die ihm die Reibeflächen bieten, die er beim eigenen Vater vermißt hat: Solche Situationen laden zu Aggressionen ein. Verachtete er den Vater als Sadisten, sucht er sich Gegner (Übertragung), an denen er sich endlich abreagieren kann. Das wurden wahrscheinlich der Papst für LUTHER und der Jude für HITLER. (Hitler hatte ähnlich strukturierte Probleme mit einem überstrengen Vater wie Luther.)

Pilgrims Liste von Muttersöhnen: NAPOLEON, BISMARCK, HINDENBURG, WILHELM II., STALIN, HITLER, ALEXANDER DER GROSSE, HANNIBAL, CÄSAR, CALIGULA, NERO, KARL V., PHILIPP II., LUDWIG XIV., IWAN DER SCHRECKLICHE, DSCHINGIS KHAN, FRIEDRICH DER GROSSE, ROBESPIERRE, MUSSOLINI, FRANCO, HIMMLER, RÖHM, EICHMANN, GÖRING, GOEBBELS, HESS, HEYDRICH, MENGELE.

Vatertöchter

Nach Freud rivalisiert nicht nur der Junge mit dem Vater um die Mutter, sondern auch die Tochter mit der Mutter um den Vater: So tritt neben den Ödipus-Komplex der Elektra-Komplex.

Oft erkennt die Mutter diese Entwicklung schneller und detaillierter als der Vater. Kein Wunder: Eine Frau durchschaut die andere eben besser als ein Mann.

Es kann tausend Gründe geben, warum es ein Mädchen mehr zum Vater als zur Mutter hinzieht. Er mag der lustigere Komiker, der phantasiereichere Geschichtenerzähler, der tollere Kumpel sein, der im Gegensatz zur Mama keine »erpresserischen« Krankheiten hat, nicht nörgelt, aber des Nachbarn bösen Hund verscheucht. Oft ist der Vater die nach außen hin wichtigere Persönlichkeit, die das große Geld verdient, in der Zeitung erscheint und das Ziel von Bittstellern ist. Identifiziert sich die Tochter stark mit dem Vater, lernt sie sehr früh den

Umgang mit einem Mann und findet sich dann als Erwachsene mit Männern leichter zurecht.

Nach Pilgrim wuchsen folgende Frauen als Vatertöchter auf: MARGARET THATCHER, MARIA THERESIA, KATHARINA DIE GROSSE, GOLDA MEÏR, ELISABETH I., MARIE CURIE, NINON DE LENCLOS, GERMAINE DE STAËL, COSIMA WAGNER, ELEONORE DUSE, SARAH BERNHARDT, ALMA MAHLER-WERFEL, ANNETTE VON DROSTE-HÜLSHOFF, BERTHA VON SUTTNER, ROSA LUXEMBURG, SIMONE DE BEAUVOIR, ALICE SCHWARZER.

Die Schubkraft frühen Waisentums

Am beredtesten drückt es BALZAC in »*Le cousin Pons*« aus: »Das Elend, diese göttliche Stiefmutter ... gab ihnen diese große starke Erziehung, die sie mit Peitschenschlägen an bedeutende Männer verteilt, die alle in ihrer Kindheit unglücklich waren« – so wie er selbst. Er stammte aus »elenden Familienverhältnissen«; eine innere Beziehung hatte er nur zu seiner Schwester Laure. Vom siebten bis zum vierzehnten Lebensjahr war er im berühmten spartanischen Collège de Vendôme, wurde dann aber Schreiberling bei einem Rechtsanwalt. Um sein Selbstwertgefühl aufzubessern, setzte er vor seinen Namen ein nobles »de« und wollte mit der Feder erreichen, was NAPOLEON mit dem Degen fast geschafft hätte: die Welt erobern. Die erste große Liebe des 23jährigen war die Mutter eines Freundes, eine Frau von mehr als 40 Jahren: für ihn Mutterersatz. BALZAC war einer von jenen seelischen Waisen, die Waisen geworden sind, obwohl ihre Eltern noch lebten. Sein russischer Zeitgenosse und Kollege LERMONTOW kannte seine Mutter gar nicht, seinen Vater kaum, wurde von einer Großmutter erzogen, mit der sein Vater im Dauerstreit lag. Schon als Kind fiel er durch die Lust auf, mit der er Blumen köpfte und Tiere quälte, später verlegte er sich auf die Tortur von Menschen, besonders von Frauen. Obgleich zu den größten russischen Autoren gezählt, war er mehr ein psychologisches Phänomen als ein literarisches.

TOLSTOI wurde mit zwei Jahren mutterlos, DANTE ebenfalls sehr früh. Er war 18, als sein Vater starb, war aber inzwischen schon in einem Minoritenkloster erzogen worden. Danton verlor mit zwei Jahren seinen Vater und tröstete sich später in einer Rede: »Das Kind gehört seinem Vaterland, bevor es seinem Vater gehört.«

Auch JEANNE D'ARC, deren Eltern nach neuesten Erkenntnissen die französische Königin ISABEAU und deren Schwager, des Königs Bruder, waren, mußte vom Hof verschwinden und wurde im Lothringischen standesgemäß aufgezogen. Als sie in die Geschicke Frankreichs eingriff, war sie kein Hirtenmädchen mehr, sondern erschien in Rüstung mit einem Wimpel, dem Vorrecht der Adligen, war in der schwierigen Kunst des Umgangs mit Geschützen und Reiterangriffen bewandert, trat sehr selbstbewußt vor den Adligen auf und konferierte wiederholt allein mit dem König, ihrem Halbbruder, dem sie versicherte, daß wenigstens sein Vater der alte König selbst gewesen war (aus: »*Jean d'Arc*« von MICHEL LAMY, Paris 1987). Frankreichs große Heilige ist also zu den »vaterlosen« Befreiern des Vaterlandes zu zählen.

2. Kunst als Ventil des Unzulänglichen

Wenn schon in vorgeschichtlicher Zeit ein Krug mit einem Muster verziert wurde, dann sicherlich nicht, um ihn praktischer zu machen. Wahrscheinlich sollte er gefälliger, anziehender werden. Und der ihn so gestaltete, hatte neben der Phantasie auch die Muße dazu. FREUD vermutete hinter solchen Aktivitäten wieder einmal sexuelles Geschiebe*: Als sich die Monogamie durchsetzen sollte, fingen die an Vielweiberei gewöhnten Höhlenmachos an, sich zu langweilen, und lenkten ihre Hände statt auf Fleischliches auf Ton und Farben. So entstand aus Frust Kulturelles – meint Freud. Vielleicht nicht zu Unrecht. Aus Langeweile gehen heute noch Ehepartner in die Volkshochschule zum Basteln oder in die Kneipe zur »Ersatzkunst« mit Spielkarten oder dem Billardqueue.

Systematisch ging der Anthropologe CESARE LOMBROSO der Frage nach, warum es auch unter Künstlern so viele Gezeichnete gibt – Waisen, Verkrüppelte, Stotterer, Selbstmörder, Geisteskranke und Drogenabhängige (wobei wir auch Alkohol zu den Drogen zählen müssen).

---

* Freuds Blick für die allmächtige Libido scheint eine Überkompensation seiner eigenen sexuellen Probleme gewesen zu sein. Er begrub mit etwa 40 Jahren die sexuellen Aktivitäten mit seiner Frau und scheint auch nicht anderswo Erfahrungen auf dem Gebiet seines Hauptinteresses gesammelt zu haben. Auch der Ursprung seiner Psychoanalyse ist eine Leistung der Kompensation: Als schlechter Hypnotiseur mußte sich Freud eine andere Technik der Seelendurchleuchtung suchen.

Welche Methoden bieten sich an, um mißliche Dinge erträglich zu machen, vielleicht sogar anziehend, begehrenswert?

○ Das Mißliche wird so weit weggeschoben, daß es unkenntlich wird.
○ Die häßliche Seite wird ganz unterschlagen.
○ Es wird nur die Fassade gezeigt und im Hinterhof lustig-buntes Theatervolk.
○ Das Dargestellte darf nur auf eine bestimmte Art und Weise wahrgenommen werden, zum Beispiel mit der Brille der Liebe und Verehrung oder der Lupe des Abscheus oder dem Mikroskop des Neides.
○ Gegenstandslose Kunst wie Musik oder abstrakte Malerei und Plastik schaltet den »Dolmetscher« Intellekt ganz aus.

Wenn bei GOETHE ein Gott dem großen Menschen die Gabe verleiht, »zu sagen, was wir leiden«, dann definieren wir daraufhin den Künstler so: Der Künstler ist ein Mensch mit der Gabe darzustellen, was er leidet. Er leidet am Ungenügen seiner Welt, an ihrer Enge, Gemeinheit, Banalität. Und er leidet an sich selbst, denn gerade beim Künstler wird das Unzulängliche produktiv.

HEMINGWAY hielt eine unglückliche Jugend für das beste Kapital eines Schriftstellers, und MAUGHAM meinte, ein Mensch mit einer glücklichen Kindheit habe das Beste im Leben bereits hinter sich und würde deshalb dieses Beste nicht mehr in der Kunst suchen. FRIEDRICH HEBBEL, ebenfalls Fachmann für eine armselige Kindheit und Jugend, zeigt uns einen anderen Aspekt des gleichen Problems: »Daß Shakespeare Mörder schuf, war seine Rettung, daß er nicht selbst Mörder zu werden brauchte.« Und ein anderer Großer konnte sich kein Verbrechen vorstellen, zu dem er nicht fähig gewesen wäre. Aber sein Genie reichte zu mehr als zu Gesetzesbrüchen. Wer würde dahinter ein Bekenntnis GOETHES vermuten?

Die Biographien der Künstler sind übervoll von körperlichen Gebrechen, Verletzungen, Waisentum, aber auch von negativen Gefühlen wie Neid, Haß, Rachelust, Versagensängsten und anderen Gefühlen der Minderwertigkeit. Da kann jemand sogar Aussicht auf einen Nobelpreis haben, er bleibt doch ein Tolpatsch oder ein schüchterner Mensch voller Selbstzweifel.

Und selbst wenn ein Mensch frei sein sollte von allem, was Gefühle der Minderwertigkeit oder gar einen Minderwertigkeitskomplex erzeugt, kann er leiden. Man muß nicht selbst arm und geknechtet sein, um etwas gegen Armut und Knechtschaft tun zu wollen. Nicht nur verdreckte Mauern schreien nach neuer Farbe, auch schöne weiße können Malerhände kitzeln.

Als Geschöpf ist der Künstler wie jedermann: Haut, Blut, Knochen, Exkremente, Unsinn, Fehler, Chaos, Neid, Rachsucht, Güte, Komplexe, Gefühle der Minderwertigkeit, Summenprobleme. Ist seine große Stunde als Schöpfer gekommen, wird vieles davon Rohmaterial für seine Kunst. Aus seinen eigenen Komplexen weiß er nur zu gut, woran die Abnehmer seiner Kunst leiden, was sie erwarten und wie Menschen in Rauschzustände zu versetzen sind.

Kompensationstechniken von Künstlern

Die einen Künstler verwandeln ihre Kernprobleme aus der Überfülle ihres Lebens in Kunst, wobei sie meist die Balance halten zwischen dem Ernst ihrer Anliegen und der gleichzeitigen Ironie darüber. Einige Beispiele: SHAKESPEARES Dramen, CERVANTES' *»Don Quijote«*, GOETHES *»Faust I/II«*, MOZARTS verspielte und dramatische Musik; diese Weite und Breite finden wir auch bei BEETHOVEN, VERDI, WAGNER und RICHARD STRAUSS. Unter den Malern und Bildhauern seien – auch hier stellvertretend für viele – erwähnt: LEONARDO DA VINCI, DÜRER und PICASSO.

Die anderen, selbst erschöpft, suchen Kraft in Rauschzuständen, in Idealisierungen, in einem Heiland, einem Heiler, der sie von sich selbst erlöst – durch ihre Kunst. So FRIEDRICH SCHILLER, den zuerst von Schergen, dann von finanziellen Sorgen und schließlich auch noch von Tuberkeln Geplagten, den immer Rastlosen. »Überhaupt hat mir dieser schreckhafte Anfall [eine schwere Krankheit] sehr gut getan. Ich habe dabei mehr als einmal dem Tod ins Gesicht gesehen, und mein Mut ist dabei gestärkt worden.«

Ein paar andere Namen zu dieser Kategorie: J.-J. ROUSSEAU, HEINE (seine »romantische Ironie« war Zeitmode und nicht Ausdruck von Humor, eher von Gallenbitterkeit), BAUDELAIRE, CHOPIN, PROUST, die übrigens alle chronisch krank waren (Verfolgungswahn, Syphilis, Tuberkulose, Asthma). In der darstellenden Kunst wäre MICHELANGELO zu erwähnen: »Die Luft scheint tagsüber mir wie Nacht, der Quell ein Sumpf, das Feuer kalt, ohne Atem der Wind.«

Der »heitere MOZART« war eine tragische Gestalt: Er hatte eine entsetzlich hektische Kindheit und Jugend unter einem herrischen Lehrer und Vater, finanzielle Enttäuschungen, früh schon tiefe Pockennarben und eine Knollennase, ferner ein »atavistisches« linkes Ohr, das nur zu deutlich an die Abstammung des Menschen von Affen erinnerte und stets unter einer Perücke versteckt wurde. (Im übrigen sind alle Porträts dieser Zeit geschönt.) Er hatte wenig Glück bei Frauen. Die Hochzeit mit CONSTANZE war keine Liebesheirat, eher »zum Sockenstopfen«. Geliebt hat er ihre Schwester ALOYSIA, um die er sich auch als

Komponist und Lehrer bemühte. Sie aber blamierte ihn vor den Dienern! In einem Brief an Constanze lesen wir: »Wenn die Leute in mein Herz sehen könnten, so müßte ich mich schämen.« Wie bitter erst war dann die letzte Zeit seines Lebens. Unter Tränen sagt er ihr: »Man hat mir Gift gegeben.« Ja, sein Arzt gab ihm Gift, Quecksilber gegen die Syphilis, die er sich – so Constanze – bei »Ehesünden« und »Stubenmädeleien« geholt hatte. Alles in allem: ein von wenig Glück gesegnetes Leben.

Da hat er dann, ähnlich dem Klassenclown, der auf sich aufmerksam machen will, in Gesellschaft Purzelbäume geschlagen, Grimassen geschnitten und wie eine Katze miaut. Auch seine derbe Sprache und seine Witzeleien kamen bei Frauen nicht an. Hat er deshalb mit Musik geworben?

Und wie war ich in jungen Jahren als Verehrer der duftigsten und beschwingtesten deutschen Lyrik und Prosa (etwa *»Aus dem Leben eines Taugenichts«*) entsetzt, als ich JOSEPH EICHENDORFFs Biographie las: uralter Adel, forscher Krieger im Lützowschen Freikorps: »Frisch auf, wir wollen uns schlagen/ So Gott will übern Rhein« – das war ja in Ordnung. Aber Beamter mit Pensionsansprüchen, das wollte dem jungen Eichendorff-Verehrer schon weniger gefallen. Und dann erlebte ich die alte »Jammertante« Eichendorff mit ihren Klagen über die »unwürdigen« Dichter und Schriftsteller. Da ruft er nach einem »frommen Herzensbedürfnis«, ist voller Wehmut und dunkler Trauer, gegen die nur Gottes Nähe helfe. Seine Wanderlust war Wanderlast. Fernweh wurde zum Heimweh, und des Dichters schöne Welt war das himmlische Reich. Unser lieber »Taugenichts« und seine engeren wie weiteren Verwandten sollten also nur zeigen, wie schön es hiernieden sein könnte, wenn man nicht auf die gotteslästerlichen Parolen aus dem verdammten Frankreich hören müßte? Wie war ich enttäuscht!

3. Heldenverehrung und Minderwertigkeitsgefühle

Vor Jahren fragte ich eine nordamerikanische Tennislehrerin, warum in Deutschland so viele Leute auf lokalen Plätzen Tennis spielen, aber kein Deutscher – zur damaligen Zeit jedenfalls – bei einem internationalen Turnier. »Wenn in einem deutschen Club jemand gut Tennis spielt, gibt er Unterricht. Wenn in den USA jemand gut Tennis spielt, nimmt er Unterricht«, war ihre Antwort. Damals gab der gute Tennisspieler hierzulande in seinem Club den Ton an; ihm galt es nachzueifern – so blieben die Leistungen mittelmäßig. Verließ ein guter Spieler in den USA seinen Club, um von Besseren zu lernen, kam er als Spitzenspieler zurück und setzte neue Maßstäbe. Nun galt es ihm nachzueifern ...

Das Bessere ist der Feind des Guten

Wer sich mit einem Überlegenen vergleicht, erfährt auf diesem Gebiet seine Unzulänglichkeit. Aber, so GOETHE: »Das Unzulängliche ist produktiv!« Die letzten Seiten von »*Faust II*« sind eine Art Symphonie auf das Unzulängliche, Unbefriedigende, Erdenschwere, das sich erlösen will, eine dichterische Verklärung der Kompensation, des Höherstrebens durch die Anziehung des ewig Weiblichen, ein anderes Wort für das ewig

Schöpferische, für die Kraft, aus sich heraus etwas zu gebären. Das gute Beispiel, das Vorbild, wird nicht nur auf dem Sportplatz zum antreibenden Stachel, sondern auf jedem Gebiet, in dem der Nachstrebende heimisch werden möchte. Einer meiner frühen Helden etwa war ein noch sehr jugendlicher Dolmetscher bei einem Treffen von Franzosen, Briten, Italienern und Spaniern. Er stand da oben auf der Bühne und sagte alles in vier, fünf Sprachen – und mir sollte Latein schwerfallen? Nach ein paar Wochen war's anders.

Wie viele mögen zu passablen Hausmusikern geworden sein, die in Gesellschaft ihre Unzulänglichkeit spürten und den Gitarristen, Klavier- oder Akkordeonspieler beneideten. Hinterher erfahren sie ein Leben lang »das Glück der kleinsten Überlegenheit« (NIETZSCHE).

»Auf den Sportplätzen von Eton wurde die Schlacht von Waterloo gewonnen«, soll WELLINGTON gesagt haben. Wir können hinzufügen: Und in den Speisesälen von Cambridge und Oxford entstanden das britische Weltreich und die erste industrielle Revolution. Bis zu den Decken hoch schauen Premierminister, Erzbischöfe, Gelehrte, Dichter, Könige dreimal täglich auf die Studenten herab mit der Aufforderung, nicht zu verzagen, sich durchzubeißen und es ihnen einmal gleichzutun. Der muß erst gefunden werden, der sich in solchen Ahnengalerien des Geistes und des Ruhmes nicht klein, nicht unzulänglich fühlt, diesen Druck abschütteln und deshalb so werden will wie einer der Großen da droben, der zunächst auch hier unten saß. Ähnlich wirkt es, wenn man einen großen Namen als Ausgangsbasis hat, also etwa SIEMENS, KENNEDY, ROCKEFELLER, PORSCHE, DE GAULLE oder NEHRU heißt.

CHARLES DE GAULLE suchte von früher Kindheit an historische Vorbilder in seiner Familie, ahmte sie nach, bereitete sich auf eine große Karriere vor, aus der aber ohne HITLER beinahe nichts geworden wäre: Zum großen Erfolg gehört eben die richtige Zeit. Und INDIRA GANDHI imitierte schon als Mädchen (»als fehlgeschlagener Junge«) ihren Vater NEHRU und schwärmte für Vaterlandsbefreier wie JEANNE D'ARC und SIMON BOLIVAR.

Auch Roms Werden ist nicht zu verstehen ohne die Kenntnis der erziehenden Wirkung von Ahnenverehrung auf die Jugend. Der griechische Geschichtsschreiber POLYBIOS berichtete von einem Brauch im antiken Rom: Ein angesehener Toter wurde im Leichenzug zur Rednertribüne getragen und dort senkrecht aufgestellt, damit ihn alle sehen konnten. Dann hielt sein ältester Sohn oder eine hohe Persönlichkeit eine Rede über die Taten des Verstorbenen. Oft standen neben der Rednertribüne auch Bilder von anderen bedeutenden Toten der Familie, deren Andenken wachgerufen wurde. »Vor allem aber wird die Jugend angespornt, für das Vaterland alles zu ertragen, um ebenfalls einmal so berühmt zu werden.«

Das Bedürfnis nach Helden

Offenbar hat jeder Mensch eine Fahne, einen Heiligen, ein Genie oder auch nur jemanden vom Theater, Film Fernsehen oder Sportplatz als Idol, das er verehren muß. Die Helden in KARL MAYs Romanen oder schon PLUTARCHS Lebensbeschreibungen boten ganzen Generationen von Jungen ihre persönlichen Idole.

Da hat man nun also ein Ideal, bringt Begeisterung dafür auf, genießt den Kontakt mit ihm und fühlt sich dabei sogar als ein »gehobener« Mensch, ein besseres Wesen als zuvor, und dann kommt jemand und flickt dem Ideal am Zeug. Das ist Beleidigung des Narzißmus, vergleichbar mit Kritik am eigenen Häuschen, das man sich mit viel Anstrengung, Planung und Geschmack gebaut hat – und das nun plötzlich nichts wert sein soll. *Wer schon selbst nicht viel ist, will wenigstens auf jemand oder etwas anderes stolz sein dürfen.*

Erzählen Sie einem Österreicher, daß MOZARTs Vater aus Augsburg stammte, wird er ehrlich staunen, aber Sie wohl nicht mehr sehr schätzen. Ein britischer Analphabet ist stolz auf SHAKESPEARE, ein unmusikalischer Deutscher stolz auf BEETHOVEN (obwohl dessen väterliche Linie nach den Niederlanden weist), ein Italiener auf DANTE, auch wenn er noch keinen einzigen Blick in sein Werk geworfen hat, ein Lahmer auf den Sieg seiner Sportler über Ausländer. Sie alle kompensieren dadurch ihr schwaches Selbstwertgefühl.

Politik erinnere ihn an einen mit Kutteln gefüllten Schweinedarm, sagte EDUARD HERRIOT, wiederholt französischer Ministerpräsident und Minister. Sie müsse nach »merde« (Scheiße) riechen. Niemand, auch kein Politiker, wird dem widersprechen. Keine Berufsgruppe sieht und tituliert sich selbst ähnlich zynisch-aggressiv wie die Politiker. Das hindert nun aber Milliarden von anbetungswütigen Menschen nicht, ihren gegenwärtigen Liebling unter den Politikern zu verehren, statt ihn wie ein notwendiges Übel zu sehen und zu behandeln, etwa so wie der Fleischesser einen Metzger benötigt oder ein Abfallverursacher die Herren von der städtischen Müllabfuhr.

Mir fiel es schon als Kind schwer zu glauben, daß es absolute Herrscher »von Gottes Gnaden« geben solle, »Stellvertreter Gottes auf Erden«. Wenn sich natürlich jemand alle Rechte über seine Zeitgenossen herausnehmen will, muß er sich auf das höchste Wesen berufen – eine der allergrößten Schwindeleien der an Schwindel überreichen Weltgeschichte: Die Obrigkeit stamme von Gott als dem Obersten der Oberen! Glauben es die Oberen selbst, betreiben sie Sublimation, denn sonst müßte sich der jeweils Obere schämen, besser zu sein als sein

Bruder oder seine Schwester. Und so wie Gott nicht immer gnädig mit den Oberen umgeht, so erlauben sich nun auch diese,
ihre Untertanen auszunutzen und zu drangsalieren. Verehrt der
Untere den Oberen nicht deshalb, weil dem geglückt ist, was
er sich insgeheim auch wünscht: mehr zu sein, als er ist, und
mehr zu sein als die anderen?

DRITTER TEIL **Wie wirkt Kompensation?**

1. Die Geschichte von Minderwertigkeitskomplexen

Das Verhalten des Säuglings wird gesteuert von den Bedürfnissen seines Körpers und seinen Triebregungen. Er nimmt Nahrung auf, scheidet sie aus, schläft, wacht. Paßt ihm etwas nicht, meldet er sich mit Protest. Fühlt er sich wohl, kann er schon früh die Gesichtsmuskeln zu einem Lächeln verziehen. Dann lächelt er die Mutter oder eine Fremde an, aber auch das Mobile über seinem Bettchen. Später spielt er so ungeniert mit seinen Geschlechtsteilen oder mit Kot, wie er mit einer Rassel oder seinem Daumen spielt. Es macht Spaß, und das genügt. In der psychoanalytischen Theorie heißt der Motor für diese Triebregungen und Wunschtendenzen *Es*. Viele Tiere kommen über diese Stufe nicht hinaus.

Bald aber lassen die Erziehenden den kleinen Wurm merken, daß ihnen zwar vieles an ihm gefällt, manches aber nicht. Zunächst entnimmt der Säugling dies der Körpersprache, später dann auch den verbalen Botschaften seiner Bezugspersonen, der Milde oder der Schärfe der Stimme, Streicheleinheiten und so weiter. Nach und nach legt er sich »Manieren« zu: Er verhält sich nach einem Kodex, den Wünschen seiner Eltern. Dieser zweite Pol in seiner jungen Existenz wird *Über-Ich* genannt.

Später entwickelt unser Kind sein *Ich*, das einerseits wahrnimmt, was sein *Es* möchte, andererseits weiß, wie weit dem Es nachgegeben werden darf, ohne mit dem Über-Ich in Schwie-

rigkeiten zu kommen. Der eine meint, es genügt zu wissen, wo
der Schutzmann steht und wie man sich von ihm nicht erwi-
schen läßt. Der andere beherbergt in seinem Über-Ich einen
grausam-strengen Rachegott, der bereits Wünsche des Es ver-
übelt, für die ja nun das arme Ich wirklich nichts kann.

Das Prinzip allen Lebens ist die Suche nach Lust und das
Vermeiden von Unlust, beispielsweise die Abhilfe gegen Durst,
sexuelle Appetenz, Angst vor Ungewißheit oder Bedrohungen.
In der Tiefenpsychologie spielt vor allem tabuisierter Lust-
gewinn eine entscheidende Rolle.

Ein Beispiel: Das Es will auftrumpfen und strebt nach
Führung in der Gruppe mit den besonderen Vorrechten des
Starken. Das Über-Ich erinnert daran, daß ein rücksichtsloses
Vorgehen gesellschaftlich geahndet wird, also zu Schwierigkeiten führt. Das Es besteht aber auf der Verwirklichung seiner
Wünsche. Da schaltet sich das Ich ein, die Vernunft, und rät
zur Mäßigung, etwa: »Führerschaft in der Gruppe erst, wenn
die Mehrzahl der Mitglieder zustimmt. Außerdem keine Son-
derrechte in sexueller Hinsicht.« Überrumpelt das überstarke
Es die Kontrollfunktion des Über-Ichs und kann sich auch das
Ich nicht durchsetzen, fühlt sich das Ich frustriert, weil etwas
geschieht, was nicht geschehen dürfte. Ähnlich ist es der Fall,
wenn etwas nicht geschieht, was geschehen sollte.

Die gereifte Persönlichkeit streckt sich nach der Decke der
Realität: »Kann ich, das Ich, dem Es die Wunscherfüllung erlauben, und wenn ja, mit welchen Folgen? Die Umwelt wird
Schwierigkeiten bereiten, deshalb kann ich dem Es nur einen
Teil seines diesbezüglichen Wunsches befriedigen.« Das kindliche Schreien und Schmollen fügt sich der Entscheidung des
Ichs, das Über-Ich wird nicht strapaziert, und das Ich sinnt vielleicht darüber nach, wie auf einem späteren Weg die Triebenergien des Es doch noch ohne Frustrierung des Über-Ichs
befriedigt werden können.

Erwachsensein heißt also, dem kritischen Ich die Mittlerrolle zwischen den Forderungen des Es und den Moralvorstellungen des Über-Ichs zu überlassen und mit den Entscheidungen gut leben zu können. Der Volkswirt spricht in diesem Zusammenhang von »Konsumverzicht oder Konsumverschiebung«: Ich verzichte auf drei Urlaube am Titisee und reise dafür einmal an den Titicacasee ...

Die Kunst der Kompensation besteht unter anderem auch in der Fähigkeit, nicht des Kindes kurzen Weg zur Triebbefriedigung zu gehen, sondern Mut und Ausdauer zur langen Strecke aufzubringen. Große Ziele verlangen oft weite Wege.

In einem Versuch wurde mehreren Kindern je eine Tafel Schokolade gegeben, mit der Bemerkung, jedes erhalte in sechs Stunden nochmals eine Tafel, wenn es die erste bis dahin nicht aufgegessen habe. Ein Drittel aß die Schokolade sofort, ein Drittel wurde etwas später schwach, ein Drittel wartete bis zur zweiten Tafel. Die Kinder im letzten Drittel schnitten auch bei Leistungs- und weiteren Persönlichkeitstests besser ab.

Zurück zu Gefühlen der Minderwertigkeit oder gar eines Minderwertigkeitskomplexes: Ein angekratztes oder stark lädiertes Selbstwertgefühl, die damit verbundenen Unsicherheiten und Ängste zählen zu den »Dauerbrennern« der Unlustgefühle, von denen wir uns befreien wollen. Der übliche Weg aus einem Minderwertigkeitskomplex zum Gefühl normalen Selbstwertes, eines problemlosen Wertes, eines »stachelfreien« Wertes führt über die Kompensation.

Kompensation – Medizin gegen Minderwertigkeitsgefühle

Jemand gerät beim Treppensteigen schnell in Atemnot, bekommt gegen Abend dicke Füße und hat bläuliche Lippen. Der

Arzt tippt auf Herzinsuffizienz und wird ihm ein herzstärken-
des Mittel verschreiben, sagen wir Digitalis. Ein anderer hat in
Blut und Urin erhöhte Zuckerwerte. Zuviel Zucker bedeutet
zuwenig Insulin, verrät eine insuffiziente Bauchspeicheldrüse,
die nicht genügend Insulin produziert. Der Arzt regt entweder
das Pankreas an oder versorgt den Körper mit tierischem Insulin. Nun kann aber der an einer Insuffizienz Leidende von einem Medikament gar nichts oder zuwenig nehmen, er kann
eine ausreichende Menge einnehmen, oder er kann das Medikament überdosieren.

Das Medikament für die Krankheit Selbstwert-Insuffizienz
heißt Kompensation. Es gibt verschiedene »Dosierungen«:

○ Der Mangelzustand kann aus eigener Kraft behoben werden.
  Der Sohn eines übelbeleumdeten Vaters strengt sich an, wird
  ein erfolgreicher Geschäftsmann und geschätzter Arbeitgeber. Richtig dosiert.
○ Um es »ihnen zu zeigen«, benutzt jemand Besuche in seinem
  Heimatort, um von seinen Erfolgen in der großen Welt zu
  erzählen, die nur in seiner Phantasie bestehen. Überdosiert.
○ Es wird nichts gegen die Selbstwert-Insuffizienz unternom-
  men. Der Frust bleibt bestehen und erfindet sich eine Viel-
  falt von Abreaktionsmöglichkeiten, ist aber nach deren Wirkung sofort wieder fühlbar. Keine Medikation.

Nehmen wir als Beispiel Stotterer, die unter ihrem Gebrechen
leiden. Einer bleibt beim Stottern und Leiden, zieht sich zurück,
wird ein mürrischer Einzelgänger, explodiert aber in gelegent-
lichen Wutausbrüchen, wenn seine Frustrationsgrenze erreicht
ist. Ein anderer begibt sich in Logotherapie, lernt Sprachtech-
niken, lernt aber auch, Situationen zu vermeiden, bei denen er
in seine alte Schwäche zurückfallen könnte. Im normalen Gespräch hat er manchmal kleine »Ladehemmungen«, die Fremde

auf Konzentrationsmangel oder auf Überanstrengung zurückführen. Insgesamt drückt er sich erfreulich kurz und klar aus, vermeidet komplizierte Wörter und verschachtelte Sätze. Man hört ihm gern zu. Bei einem dritten blieb trotz erfolgreicher Logotherapie eine gewisse Sprechunsicherheit zurück, die sich nicht stärker bemerkbar macht als beim zweiten. Um aber zu zeigen, daß er trotzdem alle Situationen meistert, verfällt er gern ins Monologisieren, kann gar nicht genug schlaue Zitate bringen und gibt von zwei Wörtern dem komplizierteren den Vorzug. Durch diese Überkompensation, die aber gleichwohl von den meisten nicht erkannt wird, erwarb er sich den Ruf des lästigen Schwätzers.

Das zwanghafte Denken von Menschen mit stark insuffizientem Selbstwertgefühl beschäftigt sich vorwiegend mit Vergleichen. Das Ergebnis heißt dann entweder:
1. »Ich bin nicht okay, aber die anderen sind okay«
oder:
2. »Ich bin nicht okay, und die anderen sind es auch nicht.«

Zu welchen Persönlichkeitsentwicklungen kann der erste Fall führen, wenn der Versuch einer Kompensation unterbleibt oder mißlingt?

O »Ich bin eine graue Maus. Dagegen kann man nichts tun.«
O »Ich habe keinerlei Ausstrahlung.«
O »Wenn andere nett zu mir sind, dann nicht aus Wertschätzung, sondern aus Mitleid oder Höflichkeit.«
O »Der Vorwurf meiner Mutter (oder anderer) stimmt: Es wäre besser, gäbe es mich nicht. Mich kann man nicht mögen.«
O »Um mich nicht noch unmöglicher zu machen, gebe ich am besten überall klein bei. Fange ich erst gar nicht zu kämpfen an, bekomme ich keine Prügel und kann nicht verlieren.«

○ »Es ist sinnlos, an meinem Zustand etwas ändern zu wollen. Da hilft kein Lernen, Studieren, keine Erweiterung meines Horizonts.«

○ »Ein Gläschen Alkohol oder auch zwei und drei lassen mich mein Elend vergessen. Ich verstehe die armen Straßenkinder, die Drogen nehmen.«

○ Man kann sich aber auch eine sanfte Erpressertaktik zulegen, seine Wunden offen zeigen und Mitleid erwarten. Man ist hilflos, anhänglich, liebedienerisch bis zum Nassauertum, liebt das Schmarotzen und das Trittbrettfahren.

Ist das Ergebnis der Vergleiche, daß sowohl wir als auch die anderen wertlos sind, sind Übertragungen in Form von Aggressionen die Folge. Das verwundete Selbstwertgefühl greift stellvertretend die Gesellschaft oder Individuen an, wie es offen oder insgeheim jene angreift, die es einmal verletzt haben. Beliebte Denkmuster sind dann folgende:

○ »Die Welt ist ungerecht.«
○ »Wir leben in einer Ellbogengesellschaft.«
○ »Das Leben ist wie eine Hühnerleiter: kurz und beschissen.«
○ »Mit den anderen ist es auch nicht weit her. Nichts als Show.«
○ »Wissen? Alles nur Theorie.«
○ »Die da oben haben einen noch schlechteren Charakter als wir da unten.«

Nicht kompensierter Minderwertigkeitskomplex, gepaart mit Aggressionen, führt zu Neid. Der Insuffiziente kann sich aus irgendeinem Grund nicht nach oben ziehen, also zieht er alles Höhere zu sich herab.

Jeder will beneidet werden. »Darum beneide ich dich« ist ein großes Kompliment. Der Insuffiziente aber weiß, daß er nicht beneidet, höchstens bemitleidet wird. »Neid ist unversöhnlicher als Haß«, sagt LA ROCHEFOUCAULD, denn es ist der Haß auf Vorzüge, die man nicht erreicht.

Das Abreagieren von Minderwertigkeitsgefühlen ist immer nur eine Scheinlösung, zudem eine recht kurzfristige. Kompensation aber ist die Herstellung des Gleichgewichts als Dauerlösung. Sie ist Selbstverwirklichung in sozial akzeptierten Grenzen; und nach dem Erreichen des Zieles besteht kein weiterer Bedarf an Kompensation. Kompensation bedeutet sogar, über seine einstigen Insuffizienzen lachen zu können. Und etwas, worüber wir lachen, hat die Macht über uns verloren.

Geglückte Kompensation

Ohne eine möglichst realistische Einschätzung der eigenen Persönlichkeit glückt schwerlich eine dauerhafte Kompensation. Wie sich diese realistische Einschätzung erlangen läßt, ist ausführlich im Therapieteil dieses Buches beschrieben. Ein Minderwertigkeitskomplex ist beseitigt, wenn

- ich meine Schwächen und den Grund für ihre Existenz kenne;
- ich meine Stärken kenne und stolz darauf bin;
- mich gelegentliche Minderwertigkeitsgefühle zur weiteren Arbeit an meiner Persönlichkeit bewegen;
- ich Zeit, Sinn und Energie für eine vernunftgesteuerte Lebensgestaltung aufbringe.

Der geheimste Wunsch jedes Menschen ist es, wahrgenommen, akzeptiert, geschätzt zu werden – trotz aller Fehler. Selbst der biblische Gott war davon nicht frei: Da er bei seinem Werke keine Zuschauer hatte, ließ ihn der Verfasser der Schöpfungsgeschichte sich selbst loben: »Und Gott sah, daß es gut war.«

Erhält das Ich genügend fremde und eigene »strokes«, ist es zufrieden. Und nur ein zufriedenes Ich kann an andere denken und hilfsbereit werden. Der Unterlegene kann vielleicht zu einem Kompromiß gezwungen werden, der Überlegene aber bietet Kompromisse an und verwandelt Gegner in Partner. Er treibt Entwicklungen voran, statt sie zu bremsen, denn er ist ein »Spielmachertyp«.

Da es heute schwieriger ist, einen einzigen Mitarbeiter zufriedenzustellen, als früher eine ganze Firma zu dirigieren, ist der Spielmachertyp gefragt, der kollegiales Denken vor hierarchisches stellt, Motivation statt Manipulation einsetzt und dem Teamgeist wichtiger ist als Einzelbravour.

Mißglückte Kompensation

Der Minderwertigkeitskomplex ist eine Form von Selbstaggression. Daß dem so ist, hören wir sofort heraus, lassen wir einen anderen aussprechen, was der Betroffene über sich selbst sagt oder fühlt: »Mit dir ist's nicht weit her. Wie du schon aussiehst! Von wem du abstammst! Schon als Kind hast du nicht gefallen, so daß dich deine eigenen Leute abgelehnt haben ...«

Statt nun aber die echten oder eingebildeten Schwächen durch Stärken auf anderen Gebieten wettzumachen, verwandelt der Insuffiziente seine Selbstaggressionen in Fremdaggressionen. Kompensieren jedoch heißt nicht, sich vom Sklaven zum Tyrannen aufzuschwingen!

Ein Beispiel: Durch irgendeinen Umstand hat eine hübsche Frau ein beschädigtes Selbstwertgefühl. Sie merkt zwar, wie gut sie bei Männern ankommt, bezweifelt aber ihre Fähigkeit zu belastbaren Beziehungen, nicht wegen ihrer Unbeständigkeit – im Gegenteil, sie möchte und könnte treu sein –, sondern aus der unbewußten Angst heraus, einen Partner so zu enttäuschen, daß er sie verläßt. Um ihren »Marktwert« abzuschätzen, aber auch um Verehrung zu genießen, kokettiert sie mit einigen Männern. Sie macht jedem schöne Augen, die allerdings mehr versprechen, als sie zu halten bereit ist. Kommt ein akzeptabler Mann in ihre Nähe, wird sie überwach und sendet ihm die Botschaft: »In dich könnte ich mich verlieben.« Einen Mann oder auch mehrere »an der Angel« zu wissen, gibt ihr das *Sicherheitsgefühl der Unsicheren*, das so aussehen kann:

O »Ich genieße es, endlich Macht ausüben zu können.«
O »Je mehr Männer mich begehren, desto mehr Macht habe ich.«
O »Diese Macht erhöht meinen Preis.«
O »Ich muß mich nicht entscheiden.«
O »Man hält mich für stark, obwohl ich sehr zerbrechlich bin.«

Diese Kokette erinnert an den ewigen Studenten, der zwar für die Abschlußprüfung gut vorbereitet wäre, sie aber meidet, weil die Examinatoren doch große Schwächen herausfinden könnten. Oder weil er nach einer bestandenen Prüfung eine Arbeit annehmen müßte, vor der er im Innersten Angst hat.

Der grundlos Eifersüchtige glaubt sich so wenig liebenswert, daß die bloße Anwesenheit eines möglichen Rivalen genügt, um ihn zu verunsichern. Kaum eine andere Erscheinung als die des Minderwertigkeitskomplexes Eifersucht zeigt klarer, wie rastlos, phantasievoll und lang anhaltend das Gefühl der Insuffizienz am Werk ist. Da wurde das Selbstwertgefühl eines kleinen Kindes geknickt, und ein halbes Jahrhundert später rast es noch in Form grundloser Eifersucht!

Zu lange schon wurden Frauen gesellschaftlich mißbraucht. Kommt nun noch ein zweiter »Schlag« hinzu, etwa durch eine kränkende Erziehung, können sich Gefühle der Insuffizienz kämpferisch überwertig auf die Rechte der Frau im allgemeinen konzentrieren. Anders ausgedrückt: Das Selbstwertgefühl einer bestimmten Frau ist so angekratzt, daß sie dauernd – ähnlich einem von Feinden umstellten Soldaten – lauert, von woher ihr Gefahr drohen könnte. Läßt ein Mann ihr den Vortritt, protestiert sie, daß sie keine Extrawurst nötig habe. Läßt er ihr aber nicht den Vortritt, spielt er schon wieder seine Machoallüren aus ...

Auch Besserwisserei kann eine Form von mißglückter Kompensation sein. Wissen ist Macht, Besserwissen Schwäche. Natürlich meine ich nicht notwendige Korrekturen von Fehlern, sondern Besserwisserei und indirekte Kritik als Machtmittel: »Schaut her, um wieviel klüger als ihr ich bin, und da sagte meine Mutti immer, mit mir sei nichts los.« Besserwisserei soll also das Gefühl der Überlegenheit geben, das einem auf anderen Gebieten fehlt.

Eine andere Art der Besserwisserei ist Bezweifeln. Weiß ich von etwas gar nichts oder nicht viel, jedenfalls nicht so viel, daß ich einen anderen korrigieren könnte, so vermag ich den immer noch kleinzukriegen, wenn ich ihn frage: »Sind Sie sicher?«; »Woher haben Sie das?«; »Können Sie das beweisen?« Natürlich ist hier nicht von Wahrheitssuche die Rede, sondern von Machtausübung, der Machtausübung auch des Dieners, der die Rechtfertigung eines Befehles oder einer Bitte erzwingt.

Fehlgeleitete Kompensation kann sich auch in übertriebener Eitelkeit zeigen. Damit der Verunsicherte gefällt, muß er sein Spiel gut spielen, ein guter Schauspieler sein. Der Eitle führt als Schauspieler sein eigenes Stück auf, eine Tragödie mit dem Titel »Wer bin ich schon?«. Er führt sich so auf, daß man ihm zuschauen soll, und dann trinkt er von den Blicken seiner Gaffer den Glauben an sich, frißt aus ihren Händen die Brosamen der Anerkennung und stopft sich die Ohren voll – selbst mit Lügen, so nur ein Hauch von Anerkennung darin zu vermuten ist. Der Eitle ist ja so bescheiden! Und diesem Bescheidenen will nun ein anderer Eitler sein Publikum stehlen? Wenn das einen nicht auf die Palme treibt! Der Eitle kennt sich aus in seinem Fach, in der Aufführung von Eitelkeiten. Darum hört er noch die feinsten Eitelkeiten aus eitlem Munde – und ist verstimmt. Er braucht Anerkennung – und soll einem anderen eitlen Tropf Anerkennung spenden?! Dazu ist seine Haut zu dünn, er hat die überempfindliche Haut des Insuffizienten.

Der Eitelkeitstest

1. Ärgern Sie sich über fremde Eitelkeiten?
Dann sind Sie selbst eitel. Steht Ihr Selbstwertgefühl vielleicht auf wackeligen Beinen?
2. Sind Sie erhaben über anderer Leute Eitelkeiten?
Wenn ja, dann verfügen Sie über ein gut entwickeltes Selbstwertgefühl.
3. Spielen Sie mit den Eitelkeiten der anderen?
Wenn ja, dann verfügen Sie neben dem gut entwickelten Selbstwertgefühl über eine wirksame Technik, die Ausdruck von Menschenkenntnis und Lebensweisheit ist, freilich aber auch in manchen Augen suspekt sein kann.

An eine nicht geglückte Kompensation läßt auch Intoleranz denken. Tolerant zu sein ist leicht für:

O den Selbstsicheren, der fest im Sattel sitzt;
O den Gleichgültigen, den andere Meinungen nicht erhitzen;
O den Humorvollen, der seinen eigenen Meinungen nicht immer über den Weg traut;
O den Großzügigen, der zur Arbeitserleichterung gelegentlich ein $2 \times 2 = 5$ (oder meinetwegen auch 3) hinnimmt;
O den Überlegenen, der sich über abweichende Meinungen amüsiert.

Diese fünf Kriterien treffen nicht auf einen Insuffizienten zu, der sich ständig auf die Hinterbeine stellen oder sich aufplustern muß, damit er nicht für ein Nichts gehalten wird.

Die Rationalisierung von mißglückten
Kompensationen

Wahrheitsgemäß müßte sich der Insuffiziente bei einer mißglückten Kompensation sagen: »Statt meine wirklichen oder vermeintlichen Mängel durch Leistungen auf anderen Gebieten auszugleichen, so daß ich ein sattes Selbstwertgefühl haben könnte, setze ich leicht zu durchschauende Taktiken ein: Aus Schwäche imitiere ich Stärke.«

Beliebte Rechtfertigungen für mißlungene Kompensationen enthalten gern die Floskeln »Man wird doch noch ...« oder »Es kann doch nicht verboten sein, daß man ...«, zum Beispiel die Kokette: »Man wird doch noch seinen Charme einsetzen dürfen«; der Eifersüchtige: »Es wird doch nicht verboten sein, von einem geliebten Menschen uneingeschränkte Treue zu erwarten«; der Besserwisser: »Man wird doch der Wahrheit/der Genauigkeit/der Vollständigkeit zum Sieg verhelfen dürfen«, und so weiter und so fort.

Vorsicht: Nichts zu tun mit diesen meist unter- oder unbewußten Rationalisierungen hat der bewußte Einsatz obiger Rechtfertigungen als Taktik. So wird beispielsweise der politische Redner – oft gegen besseres Wissen – zum Dogmatiker, zum Intoleranzler, wenn es um die heiligen Werte der Wähler, der Nation oder auch des eigenen Vorteils geht. Und welcher Verliebte hätte nicht schon kokettiert, um das Objekt seiner Zuneigung auf sich aufmerksam zu machen?

2. Die Überkompensation

Es gibt zwei Arten von Überkompensation:

1. Überkompensation aus eigener Kraft, wenn etwa ein einst gelähmtes Mädchen olympisches Gold im Laufen gewinnt;
2. Überkompensation durch fremde Kraft, wenn etwa ein Angsthase mit Kampfhunden den Nachbarn imponieren will.

Hier soll es jedoch erst einmal um die erste Form von Überkompensation gehen: Der an einer Unzulänglichkeit Leidende kompensiert nicht nur seine Insuffizienz weg, sondern macht daraus sogar eine Stärke. So trainiert sich ein schwächlicher Junge nach und nach solche Muskelpakete an, daß er als Bodybuilder auftreten kann. Wiederholt haben mir Patienten, die ich wegen ihrer gefährlichen Sportarten bewunderte, gestanden, sie suchten die Gefahr aus Angst und seien deswegen Fallschirmspringer, Drachenflieger oder Extremkletterer geworden. Weitere Beispiele:

Ein Querschnittgelähmter überwand im Rollstuhl die Rocky Mountains, was er als Gesunder nicht gemacht hätte. LORD BYRON durchschwamm trotz eines Klumpfußes die Dardanellen, obwohl dafür kein vernünftiger Anlaß bestand. Ein nervöser Stotterer mit schwächlicher Stimme und einem Schultertic beschloß, ein großer Redner zu werden, und wurde es:

DEMOSTHENES. Einige Menschen mit angeborenen Augenleiden beschäftigen sich so intensiv mit Farben und Formen, daß sie Kunstmaler werden.

Der schon als Kind schwerhörige THOMAS ALVA EDISON beschäftigte sich lange Zeit mit Hörproblemen und erfand mit 30 Jahren den Phonographen; er hörte vor seinem 60. Geburtstag überhaupt nichts mehr, arbeitete aber zäh an der Verbesserung der sprechenden Maschine, damit er, nach eigenen Worten, noch Stimmen hören könne.

THOMAS MANN, ein hervorragender Kenner von NIETZSCHE, vermutete, dieser habe sich freiwillig mit Syphilis angesteckt, um als genialer Psychologe auch noch die letzten Aspekte menschlicher Existenz zu erfahren. Nietzsches Bekenntnis zur Überkompensation: »Was mich nicht umwirft, macht mich nur noch stärker.«

THEODORE ROOSEVELT mußte als Kind von einem Hauslehrer unterrichtet werden, weil er für den Schulbetrieb zu leidend war, zu kurzatmig und zu kurzsichtig. Im Alter, in dem Jungen zum ersten Mal den Mädchen gefallen wollen, erlebte er einen manischen Dauerschub, der ihn zum Sportsmann machte: zum Jäger, zum Reiter, zum Entdecker, zum Politiker. Als 1898 der Kubakrieg ausbrach, gab er entgegen allen Ratschlägen seinen Posten als Staatssekretär auf, stellte eine Kavallerieeinheit auf und zog als selbsternannter Kommandeur in den Krieg, bar jeglicher Ahnung von Truppenführung und Taktik. Trotzdem lud er mit seinen »Rough Riders« Ruhm auf sein zu starken Übertreibungen neigendes Haupt. Als er die Präsidentschaft abtreten mußte, atmeten Millionen Amerikaner auf, den exzentrischen Kraftmeier überstanden zu haben.

Sein Namensvetter FRANKLIN D. ROOSEVELT war ein Muttersöhnchen, wurde von der Mutter als wenig erfolgreicher Politiker finanziert, von Frauen belächelt, bis ihn mit 39 Jahren eine schwere Kinderlähmung an den Rollstuhl fesselte. Als »Roll-

stuhlcäsar«, wie Thomas Mann ihn nannte, arbeitete er sich bis
zum Präsidenten der USA hoch – mit eiserner Verbissenheit.
KARL MAY war bis zu seinem fünften Lebensjahr blind und
wuchs in ärmlichsten Verhältnissen auf. Als junger Volksschul-
lehrer zwang ihn die Not zu Diebstählen und Betrügereien,
wofür er siebeneinhalb Jahre einsaß. Er hatte sich bereits an bra-
ven Dorfgeschichten und harmlos-humorvollen Erzählungen
versucht, übrigens ohne viel Erfolg, bis dem kleingewachsenen
Mann (»arm wie ein nackter Schullehrer«) seine erfundenen
Reiseerzählungen das große Geld brachten. Der Zuchthäusler
erträumte edle Helden in fernen Ländern, die er erst später
sehen sollte. Er erzielte Auflagen wie vor ihm SIR WALTER SCOTT,
ein wirklicher Gentleman, der allerdings hinkte, was wahrscheinlich seine Helden zu besonders leichtfüßigen Fechtern
und verwegenen Reitern machte.

Ein erfolgreicher Kunstmaler verriet mir, daß die vielbe-
schriebene Spannkraft seiner Akte von seiner absichtlichen Ent-
haltsamkeit während der Schaffensperiode herrühre. Wahrscheinlich entstanden Liebesgedichte auch nicht nach einem
Schäferstündchen. Bekannt ist ebenfalls, daß die schönste Na-
turlyrik nicht in der Natur, sondern im Träumerwinkel einer
Stadtwohnung erdichtet wird.

Die Produktivität von Haß, Neid und Angst

In Gelehrtenkreisen ist es üblich, daß beim Erscheinen einer
wissenschaftlichen Veröffentlichung ein Professor sofort seine
Assistenten beauftragt (so diese nicht von sich aus flugs aktiv
werden), Schwächen in der Publikation seines Feindes zu suchen (ja, seines Feindes, denn nicht nur in der Politik, auch in
der Wissenschaft heißt der Kollege Feind). Hat sich dann genug Munition angehäuft, erfolgt das Bombardement. Mangels

Materials reicht es manchmal leider nur zu selbstgefälligen Zweifeln, aber es muß zurückgefeuert werden.

Einmal wäre es wohl beinahe zum Duell zwischen weltbekannten Wissenschaftlern gekommen: LOUIS PASTEUR ist auf dem Gebiet der Gärungsprozesse bereits eine Koryphäe, als er einen Schlaganfall erleidet und zwei Monate ganz gelähmt ist. Den Tod vor Augen, diktiert er seiner Frau sein wissenschaftliches Testament. Doch er überwindet die Krankheit, bleibt aber halbseitig gelähmt und schmerzgeplagt, was seine Reizbarkeit, Aggressivität und nicht zuletzt seine Eitelkeit fördert. Da erfährt er 1876, daß ein kleiner deutscher Landarzt aus Bomst (welch unaussprechlicher Name für einen Franzosen) den Erreger des Milzbrandes entdeckt hat und über Nacht weltbekannt geworden ist: ein gewisser Dr. med. ROBERT KOCH. Sofort nimmt Pasteur eine Anzahl Mediziner in seinem Team auf, denn er selbst ist ja Chemiker und hat noch nie eine Injektionsspritze in der Hand gehabt. Verbissen arbeitet er sich in das neue Metier ein und verbindet seinen schon großen Namen mit zwei weiteren unsterblichen Höchstleistungen. Die Geschichte der Wissenschaften ist voll von ähnlichen Beispielen, wobei sich ausgerechnet die Philosophen im gegenseitigen Beschimpfen und Verunglimpfen besonders hervorzutun beliebten.

Zur Natur des Sports gehört es, daß die Aktiven rüde miteinander umgehen, kratzend, beißend, spuckend und tretend. Aber das ist ein Nichts an Härte, verglichen mit den Foltern, die sich Sportler selbst auferlegen, um den Gegner vom Siegespodestchen herabzustoßen.

Künstler sind keinen Deut besser. Einer der größten Dichter Italiens, DANTE ALIGHIERI, verbittert über seine Vaterstadt Florenz, erfindet eine Hölle, worin er sich an seinen Feinden abreagiert, an alten Sündern wie Epikur, Judas, Attila, Mohammed, einigen Kaisern und Päpsten, aber auch an Zeitgenossen, die ihn geärgert haben. Ungeziefer sticht sie, Würmer fressen in ihren Wunden, Steine zermalmen sie, halbgespaltene Baumstämme zerquetschen ihre Leiber. Es kocht und siedet und stinkt und dampft, während der Edelsadist aufs Paradiso wartet (»*Divina Commedia*« – »Göttliche Komödie«).

LEONARDO DA VINCIS »Stachel« ist MICHELANGELO, und dessen tiefsitzender Dorn wiederum der schöne, spielerisch-elegante RAFFAEL, der einmal beide beneidet hat, Leonardo wegen seiner Meisterschaft im Hell-Dunkel und Michelangelo um die Dynamik seiner Formgebung. SCHILLER »reibt« sich an GOETHE (die beiden dichten im »Balladenjahr« Balladen um die Wette), er beneidet Goethe nicht nur um dessen Reichtum und Macht, sondern auch um die Gelassenheit, für die der von Krankheit und Geldsorgen geplagte Schiller nun wahrlich keine Muße aufbringt. Als Goethe in Italien ist, spricht Schiller ganz offen seinen Neid aus: Die zu Hause Gebliebenen würden sich für 1200 Taler ein Jahr lang plagen, während Goethe fürs Nichtstun vom Herzog 1800 erhalte.

THOMAS MANN schrieb über die Rache HITLERS: »schwärende Rachsucht des Untauglichen, des zehnfach Gescheiterten«, der sich zuerst die Massen, dann die Industriekapitäne und die adeligen Generäle, schließlich Europa unterwerfen mußte, nur um sich zu rächen. Zu rächen auch an den Juden, die er schon in Wien gehaßt hatte, wenn er sah, wie die »schwarzgelockten Judenbengel« die blonden Mädchen ausführten, während er allein herumhing, bevor er für die Nacht in einer Art Asylantenheim Unterschlupf fand.

Auch zwischen den Brüdern THOMAS und HEINRICH MANN schwelte ein für beide fruchtbarer, aus heutiger Sicht amüsanter Wettstreit. Wahrscheinlich war Thomas bis zum Ende des Ersten Weltkriegs nur deshalb so stramm deutsch und patriotisch, weil sich Bruder Heinrich frühzeitig für die französische *civilisation* ausgesprochen hatte ...

Angst als Motivator

Die Angst eines britischen Frontsoldaten im Ersten Weltkrieg war so groß, daß er sie nicht mehr ertragen konnte und sich erschoß – eine Überkompensation, die in dieser extremen Form gar nicht so selten ist.

Der große Tenor MARIO LANZA dagegen fraß sich regelrecht zu Tode: Er hatte in seiner Jugend soviel Hunger ertragen müssen, daß ihn die ewige Angst vor einem Rückfall in die alte Not Unmengen an Eßbarem verschlingen ließ.

Und der junge MARTIN LUTHER erlebte schon auf Erden Höllenqualen, weil er sich Gottes unberechenbare Rachsucht und deren Folgen vorstellte. Als dann auch noch sein Freund bei einem Spaziergang vom Blitz erschlagen wurde, wußte er nicht mehr ein noch aus. Übrigens war Luther nicht, wie dies eine fromme Mär will, Augenzeuge des Unfalls, der die spätere Gnadenlehre des Reformators mitformulierte.

Nie ist ein Kind folgsamer, als wenn es sich aus Schwäche fürchtet und in Mutters Arme oder an Vaters Hosenbein rettet, denn dann fühlt es sich schwach und trostbedürftig. So wollte die Kirche auch die Gläubigen haben: schwach, klein in ihrer Sündhaftigkeit, wovon nur die Kirche sie befreien kann.

Da diese Zusammenhänge zur Entwicklung nicht nur der Religionen, sondern auch der Kulturen und Zivilisationen beigetragen haben, lohnt sich kurzes Verweilen. »Primus in orbe deos fecit timor«, hieß es schon in der Antike, die lateinische Übersetzung aus griechischem Philosophenmund: »Zuerst schuf auf der Erde die Angst die Götter.« Der Kulturhistoriker JACOB BURCKHARDT spricht von den »Religionen der Bangigkeit«, vom »teils verehrenden, teils erschrockenen Kult« und vom »Gefühl der Abhängigkeit von einem Gewaltigeren, vom Bangen mitten im Gefühl der subjektiven Kraft und Gewalttat«.

Schon EPIKUR leitete die Religion aus der Furcht ab, und FRIEDRICH STRAUSS (1808–74) meinte, wunschlos glücklichen Menschen wäre wohl kaum der Gedanke an höhere Wesen im Sinn der Religionen gekommen. Auch heute noch »lehrt Not beten«. Bangigkeitsreligionen trugen zur Verinnerlichung ganzer Kulturkreise und zu enormer kulturell-zivisilatorischer Leistungssteigerung sowohl des Individuums als auch der Gruppe bei. Für zahllose Beispiele stehe nur das benediktinische »ora et labora«. Als das Nibelungenlied um 1200 seine letzte Form erhielt, bedeutete »Arbeit« noch Müh und Plage, heute dagegen die Grundlage von Wohlstand, Hygiene, Für- und Vorsorge, das Fundament der Menschheit – Kompensation und Überkompensation der einstigen Bangigkeit.

Unbewußte Angst davor, in Stunden der Muße zu sich zu finden, sich zu entdecken und damit ein erschreckend brachliegendes Feld vorzufinden, wo man blühende Gärten vermutete, kann die Flucht in die Arbeit auslösen, einen *workaholic* zeugen.

Überkompensierte Angst führt den Menschen aber auch in andere Arten der Unruhe, zum Beispiel in die Ungeduld, schmeichelhaft heute auch »drive« oder »power« genannt. »Umsatzpeitsche« oder »schnelles Wachstum« sind andere Namen für Unruhe aus überkompensierter Angst. Eine der in der Weltgeschichte unheilvollsten Maximen wurde von den Römern in die Worte gebracht: »Si vis pacem, para bellum.« Dieses »Willst du den Frieden, bereite den Krieg vor« hat noch immer zur Ansammlung von Waffen und Soldaten geführt, die dann meist auf beiden Seiten gleichzeitig »losgingen«, denn: »Machen wir's nicht, machen's die anderen« ...

Sich selbst imponieren

Anderen imponieren zu wollen, heißt Eitelkeit. Vor sich selbst zu bestehen, heißt Stolz. Bringt beides nicht den erwünschten Erfolg, wird das angestrebte Ziel entwertet, herabgesetzt.

Dem einerseits scheuen, dann wieder aufbrausend-herrischen MICHELANGELO genügte es offenbar nicht, die Anerkennung der größten geistlichen und weltlichen Bauherren seiner Zeit zu genießen: Um sich immer wieder selbst zu bestätigen, mußte er sich fast Übermenschliches zumuten. Hätte RAFFAEL eine Sixtinische Kapelle bemalt, würde MICHELANGELO wohl zwei gestaltet haben. Jahrelang wartete er auf den einmaligen Marmorklotz aus Carrara, aus dem der monumentale David entstehen sollte. Hätte es schon einen so riesigen David gegeben, würde sich Michelangelo vielleicht an einen Goliath gemacht haben. Wir wissen aber auch von seinen moralischen Zusammenbrüchen, wo er unvollendete Arbeiten liegenlassen und nach Konstantinopel zu den Türken fliehen wollte. Und NAPOLEON wollte nach Asien ziehen, weil sich in Europa keine große Reiche mehr errichten ließen.

Der schwache, kranke, schmerzgeplagte und halberblindete NIETZSCHE, eine »leicht zu übersehende« (LOU SALOMÉ) Gelehrtengestalt, erfand sich immer monumentalere Vorstellungen vom künftigen Übermenschen, je mehr er körperlich abbaute. Er sublimierte sein Elend in ein Gefühl überschäumender Lebenskraft, Stärke, Rücksichtslosigkeit, so daß ihm Tränen des Stolzes kamen, sah er auf sein Tageswerk zurück.

Auch hier ist GOETHE zu erwähnen: Als er sich mit der Farbenlehre beschäftigte, rieten ihm Gelehrte, so ganz ohne Mathematik ginge es bei der Optik nicht. Bei Goethe schon. Er hatte Schwierigkeiten mit der Physik, sah dies aber ganz anders: »Das Zerlegen und Zählen ist nicht in meiner Art.« Als sehr reifer Herr nahm er in Jena einige Stunden Algebra. Offenbar kapierte er nicht mit dem gewohnten Tempo. Flugs gab er auf und fand, auch Algebra liege nicht in seiner Art. Als man ihm einen Polarimeter aufbaute und ihn einlud, hineinzuschauen, lehnte er ab: Das hätte ja seine Farbenlehre durcheinander-bringen können. Auf das gebrochene Licht im Regenbogen an-gesprochen, das sich mit seiner Theorie gar nicht vertragen wollte, meinte er, fürwahr, der Regenbogen sei eine mißliche Sache. Wenn das nicht Beispiele für die Überkompensation eines Mankos sind! Natürlich kann sich nicht jedermann so-viel Arroganz leisten, aber Goethe lebte sehr gut damit.

Ein junger Mann treibt gerade so viel Geld auf, daß er sich einen sparsamen Gebrauchtwagen leisten kann. Unter uns: Er würde sich natürlich lieber etwas Schnelleres, Stattlicheres lei-sten. Aber solange ihm dies unmöglich ist, klebt er auf die Schei-ben seines Autos: »Bin Energiesparer.« Vorausgesetzt, er durch-schaut seine Lüge nicht, ist ihm eine heilsame – pragmati-sche – Überkompensation geglückt, so wie der enttäuschten Ehefrau, die in einem neuen Lebensabschnitt mit Hilfe der örtlichen Volkshochschule Erfüllung im Töpfern oder Malen findet.

Selbstironie

Als einem Einäugigen das gesunde Auge ausgeschossen wurde, sagte er nur: »Gute Nacht«, und machte das Beste aus dieser verdammten Situation. Jeder, der den Blinden auf der Straße sah, bewunderte ihn.

Aus einer verfahrenen Lage »überkompensierte« sich auch je-ner in die Unsterblichkeit, der vor einem Erschießungskom-mando stehend plötzlich dem Offizier einen Wink gab: »Ich möchte nur darauf aufmerksam machen, daß im Lauf des drit-ten Gewehrs links noch ein Ladepfropf steckt und so ein Un-glück entstehen könnte.«

Ein regnerischer Montagmorgen einst in Regensburg. Ein zum Strang Verurteilter – der berühmte Räuber Kneißl – sagt, bereits am Fuße des Galgens: »Diese Woche fängt ja schön an!« Hut ab vor diesen Lebens- und Sterbekünstlern! Auch weil sie uns lehren, was Überkompensation aus Eitelkeit bewirken kann.

Der mit Gefühlen des Hasses, Neides, der Eifer- oder Gefallsucht Beladene hängt seine Frustrationen nicht gern an die große Glocke, weil sie tabu sind. Insgeheim ist er aber von der Lauterkeit seiner Gefühle überzeugt. Dafür sorgt noch das schwächste Selbstwertgefühl. Nun ist die Zahl derer riesig, die recht wenig besitzen, worauf sie stolz sein können. So erfinden sie sich – im Sinne des Pragmatismus, auch wenn sie noch nie davon gehört haben – kleine Werte, die sie zu großen machen.

Das Muster dafür stellt die perfekte Hausfrau dar. Sie hat nichts außer ihrem bescheidenen Heim – so muß wenigstens das bewundernswert sein. Der unerwartete Besuch in einer nicht aufgeräumten Wohnung, der verunglückte Braten oder Kuchen, aber auch das Ausbleiben von Anerkennung – Gründe für sie, in Depression zu verfallen. Als allerletzter Trost bleibt schließlich der Stolz, wie viele Schmerzen sie ertragen kann.

Eine besondere Masche der Überkompensation strickt sich der »Unpraktische«, ein anderes Wort für Interesselosigkeit und Drückebergerei. Kokettierend nennt er sich »zu dumm« für Arbeiten im Haus, in der Küche oder am Herd, weil er weiß, daß er für viel Komplizierteres geschaffen ist oder sich nur für »Höheres« erwärmen kann.

Überkompensation mit fremder Kraft

Nun wenden wir uns jenem zu, der mit fremder Hilfe seine Unzulänglichkeiten über ihren Ausgleich hinaus kompensiert. Er besorgt sich Zusatzkraft aus fremden Quellen. Macht ist die begehrteste Form der Zusatzkraft, weil sie nicht nur den Machttrieb befriedigt, sondern auch noch die Befriedigung weiterer Triebe ermöglicht. Niemand kann sich so hemmungsfrei ausleben wie der Mächtige.

Die politische, wirtschaftliche und religiöse Geschichte ist voll von Machtgebrauch und Machtmißbrauch zum Eigennutzen. Da kann einem die ungetrübte Freude an Burgen, Schlössern, Verwaltungspalästen, Pyramiden, Mausoleen, Prunkgräbern, Bibliotheken, Kunstsammlungen und Parks vergehen, denkt man an das Blut und den Schweiß, mit denen solche unvergänglichen Werke des Größenwahns und der Selbstdarstellung bezahlt und errichtet wurden. Selbst den kleinen Gemeinderat oder Dorfbürgermeister juckt es immer wieder, sich während seiner Amtszeit ein *monumento de prozzo* zu erstellen.

Großer Reichtum ist deswegen so begehrt, weil er eine ähnliche Macht wie Staatsmacht verleiht. In vielen Punkten bestimmen nicht die Politiker ein Land, sondern die führenden Wirtschaftskapitäne.

Die Zugehörigkeit zu einer einflußreichen Gruppe wie etwa zu einer starken Gewerkschaft oder einer dominierenden Partei kann dem einzelnen Machtlosen einen indirekten Anteil an der Macht geben. Und in vielen Fällen genügt bereits die Nähe zur Macht, um selbige zu erlangen, etwa als Berater, Freund, Leibarzt, Maitresse oder gar als Barbier seiner Majestät.

Zur Erweiterung unserer Menschenkenntnis interessiert uns aber neben den Zusatzkräften politischer, militärischer, religiöser, ökonomischer und journalistischer Macht auch die Macht der bewußten psychologischen Winkelzüge, anders ausgedrückt: *die Macht der bewußten psychologischen Manipulation.*

Jemand behauptet etwa, er habe das Wochenende bei Familie X verbracht und mit dem Hausherrn Golf gespielt. Jeder kennt die steinreiche Familie X dem Namen nach und ist dementsprechend beeindruckt. Unser Snob hat das gesellschaftliche Gewicht der Familie X auf seine Waagschale gelegt und imponiert damit – völlig zu Unrecht, da er nicht einmal die Köchin oder den Chauffeur besagter Familie kennt. Er betreibt Überkompensation mit fremder Hilfe, so wie einer, der sich mit fremden Titeln, Orden und Verdiensten schmückt.

Selbsterhöhung durch Selbsterniedrigung

Als einst dem Fürsten TALLEYRAND berichtet wurde, wie blaß einer seiner Widersacher in letzter Zeit sei, antwortete der alte Fuchs: »Was der wohl wieder im Schilde führt!«

»Wer sich erniedrigt, will erhöht werden«, vermutete NIETZSCHE. So die Mutter, die schon lange ihrem überreifen Sohn eine nette Frau wünscht, aber jedesmal schwer erkrankt, wenn er eine gefunden zu haben scheint. Ein so krankes Mütterchen kann man wirklich nicht verlassen – und er bleibt bei ihr. In die gleiche Kerbe zielt das Gestöhn pensionsreifer Manager, Politiker, Vereinsvorsitzender, die »aus Sorge um ihre Mitmenschen« noch ein Weilchen im Amt bleiben.

Wie viele Manager litten einst an der »Managerkrankheit«; doch seit man annahm, daß ein solcher Märtyrer vielleicht den Anforderungen seines Berufes nicht gewachsen sein könnte, ist die Krankheit fast ausgestorben. Und hätte man um 1900 über Frauen gelacht, die damals reihenweise in Ohnmacht fielen, wäre keine mehr hingesunken.

Zusatzkräfte in Chefetagen

Wie viele offiziell ehrenwerte Personen als Diebe von Zusatzkraft so ungeniert agieren, daß sie nicht als Schwächlinge, sondern vielmehr als Kraftgestalten angesehen werden, ist inzwischen so klar, wie es früher ratsam war, bei Menschen mit einem »blühenden« Aussehen an Lungenkranke zu denken. Wir
haben aber auch Beispiele dafür gesehen, daß Schwache ihre
Schwäche in aller Offenheit in Stärke verwandeln, indem sie
sich Mitleid erpressen und damit wenigstens ein Minimum an
Überlegenheit erschleichen. Auch ansonsten dumme und phan-
tasielose Menschen werden im Kampf um Machtverteilung er-
finderisch bis genial – fängt doch schon der Säugling an, sich
in dieser Kunst zu üben.

Mächtige, die ohne jeden »Diebstahl« ihre Macht erlangen,
sind rar, und es gibt sie in zwei Ausfertigungen:

1. als ein so gelungenes, kraftvolles, gewinnendes Wesen, daß
   man ihm nichts wegnehmen und nichts hinzufügen muß.
   Dichtern gelingt manchmal die – fiktive – Schaffung
   eines solchen Menschen: HERMANN HESSE mit seinem Gold-
   mund oder FRIEDRICH SCHILLER mit dem Marquis de Posa;
2. als Kompensationskünstler, der seine Schwächen erkannt
   und weitgehend transformiert hat, so daß er gut damit leben
   und sich selbst akzeptieren kann, die Berechtigung von Kritik einsieht und berechtigte Kritik annimmt. Sein Sinn für
   Maß bewahrt ihn außerdem vor der irrigen Meinung, er
   müsse überall glänzen.

In seiner Lebensbilanz schildert der Psychiater und Schriftsteller HOIMAR VON DITFURTH (»*Innenansichten eines Artgenossen*«)
drei seiner Klinikchefs, von denen nur einer glänzend ohne
fremde Zusatzkraft auskam:

Chef 1: »Der Mann posierte.« Wo immer er auftrat, spielte er den selbstgefälligen, elitären Gelehrten – in Mimik und Gestik, Stimme und Tonfall. Er war »nicht von der Wissenschaft in Bann geschlagen, sondern vor allem von sich selbst«.

Chef 2: »Eine noch so vorsichtige kritische Rückfrage« nach dem Grund einer Anordnung führte zu sofortigem Entzug seiner Gunst. Er überhäufte den Arzt mit Arbeit und entzog ihm die Möglichkeit bezahlter Gutachtertätigkeit. Er war eifersüchtig auf Mitarbeiter, deren Vorlesungen von mehr Hörern besucht wurden als seine eigenen, und setzte Kollegen mit Witzen, Gerüchten und »geistigen Hinrichtungen« herab.

Chef 3, der auch noch heute international anerkannte VICTOR-EMIL VON GEBSATTEL, war »der geistvollste und gebildetste Wissenschaftler«, mit FREUD bekannt, von JASPERS bewundert, ein Mann von »gewinnender Herzlichkeit und Bescheidenheit im Umgang mit seinen Mitarbeitern«. Ditfurth schwärmt von seiner unendlichen Geduld und Toleranz, seiner kavalierhaften Höflichkeit – ein Chef, für den zu arbeiten Ehre und Freude bereitete und der deswegen Klinik und Mitarbeiter »geräuschlos kraft der menschlichen Autorität« steuerte.

Ditfurth entwirft uns hier – bewußt oder unbewußt – das Ideal eines Vorgesetzten, ob es sich nun um einen Lehrer, Klinikchef, Industriemanager, Elternteil, Offizier oder eine sonstige Person mit Führungsaufgaben handelt.

Verglichen mit Gebsattel war Freud eine äußerst problematische Natur. Streit-, eifer- und rachsüchtig beherrschte er seine Anhänger und benötigte in einem unvergleichlich größeren Maße Anerkennung. Als er erfuhr, daß sein früherer Mitarbeiter ALFRED ADLER nach einem Vortrag in Aberdeen gestorben war, was ARNOLD ZWEIG sehr bedauerte, schrieb der Psychoanalytiker diesem zurück: »Ihr Mitleid mit Adler begreife ich nicht. Für einen Judenbuben aus einem Wiener Vorort ist ein Tod in Aberdeen eine unerhörte Karriere.«

Wie häufig Chefs von fremder Zusatzkraft abhängen, beschreibt mit souveräner Kenntnis der Verhältnisse HARALD S. GENEEN in seinem Lebensbericht *»Managing«.* Geneen machte in 17 Jahren die marode International Telephone and Telegraph Company (ITT) zu einem florierenden Unternehmen. Er stieß dabei in den Chefetagen der vier Kontinente, in denen ITT tätig war, auf so viele Alkoholiker, daß er firmeneigene Entziehungsanstalten gründete.

Ein uraltes Mittel, um Summenprobleme scheinbar zu lösen, ist der Alkohol: Alkohol als Lieferant von Zusatzkraft. Geneen schätzt die Verluste, die der amerikanischen Wirtschaft durch den Alkoholismus ihrer obersten Führungskräfte entstehen, auf 50 bis 60 Milliarden Dollar im Jahr. Diese Summe sei aber nur »ein Bruchteil des Preises, den Firmen zahlen müssen für ein Phänomen, das ich den Egoismus der Führungskräfte nenne. Dieses Problem ist so alt wie der Alkoholismus, mit wahrscheinlich den gleichen Wurzeln: tiefe persönliche Unsicherheit.« Geneen hat folgende Fehlentwicklungen bei Führungskräften beobachtet:

○ Blindheit gegenüber den sie umgebenden Realitäten;
○ Glaube an die eigene Unfehlbarkeit und Überlegenheit;
○ Ablehnung jeder ihrer Meinung entgegenstehenden Information oder Ansicht;
○ Verdrängung früherer Unbedeutendheit und Fehler;
○ Verlust des gesunden Menschenverstands und der Objektivität;
○ Arroganz und ungezügelte persönliche Eitelkeit.

Geneen: »Nach meiner Meinung ist ein solcher Mensch krank.«

MICHAEL MACCOBY und fünf weitere hochqualifizierte Mitarbeiter studierten vor Jahren das Verhalten und die Wertvorstellungen von 250 Managern in Eliteunternehmen der USA. Die Versuchsanordnung dieser sozialpsychologischen Analyse war vorbildlich, so daß wir den Ergebnissen trauen können. Da die Härte des Überlebenskampfes in der Wirtschaft eher zu- als abgenommen hat, müssen wir davon ausgehen, daß sich inzwischen die Verhältnisse wohl eher verschlechtert als verbessert haben. Die Quintessenz der Untersuchung:

1. »Die meisten erfolgreichen Manager leben als Sklaven ihrer Karriere, sich selbst und anderen entfremdet.«
2. Wer viel Geld verdient, gibt ungern menschliche Schwächen zu. Deshalb dürfen wir wenigstens die zugegebenen Schwächen ernst nehmen, ja sogar vermuten, daß negative Aussagen eher noch geschönt sind:

	Nennung in Prozent
»Ich bin häufig ruhelos«	58%
»Ich bin besorgt«	48%
»Ich leide unter ungerechtfertigten Ängsten«	28%
»Ich leide an Depressionen«	44%
»Ich esse übermäßig«	32%
»Ich leide an Schlafstörungen«	30%
»Ich leide unter Zwangsvorstellungen«	19%
»Ich leide an Magen-Darm-Beschwerden	18%

Die Mehrzahl der Befragten vermochte »keine Gefühle zu zeigen«: viele wußten nicht, »was sie wollen«, oder »wie sie auf andere zugehen sollen«. Maccoby vermutet unter diesen Managern viele, die ihre Selbstachtung verloren haben, weil sie entweder dem Druck von oben zu leicht nachgeben, sich den sozialen Anliegen ihrer Mitarbeiter verschließen oder die Karriere über die Bedürfnisse der eigenen Person, der Familie oder der Gesellschaft stellen.

»Viele der hartherzigsten Menschen in Unternehmerrollen sind ehrgeizige, aber neurotische Versager, kleinliche Bürokraten, die vom Leben, ihren Eltern und ihren Bossen so gedemütigt und entmutigt worden sind, daß sie sich entschlossen haben, die wenige verfügbare Macht auszunutzen, um andere zu beugen.«

3. Der Minderwertigkeitskomplex als Körpergefühl

Minderwertigkeitskomplexe entstehen durch Hunger nach »Affektnahrung«, wie der Wiener Psychiater WALTHER BIRKMAYER »strokes« oder Streicheleinheiten nennt. Dieser Hunger drückt sich in unserer Gefühlswelt aus, und die Gefühlswelt beeinflußt über das »Mischpult der Gefühle« (das limbische System in unserem Gehirn) unsere autonomen Nerven, den Sympathikus (bildlich gesprochen: den »Gashebel«, der Aktivität und Schwung verleiht) und den Parasympathikus (den Bremshebel, der für das Aufladen der Energien, für die Erholung und den Schlaf zuständig ist).

Das Leitgefühl des Minderwertigkeitskomplexes ist Unsicherheit bis hin zu Angst.

Kommt zum Beispiel jemand in eine Situation, der er sich nicht gewachsen fühlt oder die ihm peinlich ist, kann er erröten oder erblassen. Vielleicht hat er gelernt, als Erwachsener diese Erregung zu verstecken, aber sein Körper wird trotzdem auf Unsicherheit und Angst reagieren. Die häufigsten Symptome sind:

○ erhöhter Puls, also beschleunigte Herztätigkeit,
○ kräftigerer Herzschlag,
○ erhöhte Atemfrequenz (schneller, flacher Atem),
○ Ziehen in der Magengegend,

○ leichte Schwäche in den Beinen, Unsicherheit, manchmal
  sogar Schwindelgefühl,
○ Zittern in Beinen und Händen.

Auf starke Erregung des autonomen Nervensystems reagiert der
Mensch, wie amerikanische Ärzte sagen, mit *fight – flight –
fright.*
  Mit fight – Kampf: Man wird aggressiv, mit Worten, Taten
oder mit Verstellung. Dann versucht man, sich seine Erregung
nicht anmerken zu lassen.
  Mit flight – Flucht, wobei man in unserer Gesellschaft nicht
jedesmal davonlaufen kann; also weicht man aus auf entschuldi-
gende Erklärungen, Unterwürfigkeit oder wiederum Verstellung.
  Mit fright – Furcht oder Angst.
  Ob jemand bei Angst aggressiv wird (Sympathikus) oder sich
»vegetativ zurückzieht« (Parasympathikus), ist ihm teils in die
Wiege gelegt, teils anerzogen worden. Da fühlt sich jemand mit
einem Minderwertigkeitskomplex nicht genügend anerkannt,
und unbewußt schaltet sein autonomes Nervensystem auf Aggression: Er wird, er *muß* angreifen, »es ihnen zeigen«. Ein anderer dagegen gibt kleinlaut oder still nach: Er zieht sich zurück
wie nach einer Niederlage. Er denkt sich – oder vielleicht fühlt
er's nur: »Ich bin nun mal ein Versager, und die haben es sehr
bald bemerkt.«

Wird der *Sympathikus* immer wieder stark erregt, strapaziert er
auf die Dauer

○ Herz und Blutgefäße, den Kreislauf (Bluthochdruck, Reiz-
  leitungssystem, Herzneurosen, Herzinfarkt, Migräne als Ge-
  fäßkrämpfe),
○ die Schilddrüsen bis hin zur Überfunktion (Basedowsche
  Krankheit),

○ die Nebennierenrinden, was zu Rheuma und Arthritis führen kann.

Bei häufiger starker Erregung des *Parasympathikus* werden das Verdauungs- und das Atmungssystem in Mitleidenschaft gezogen. Die Folgen können sein:

○ Asthma,
○ Übersäuerung des Magens, Gastritis, Magengeschwüre, Durchfälle, Darmentzündungen, Erbrechen bei Aufregungen,
○ Erschöpfungszustände,
○ chronisch niedriger Blutdruck.

Denken Sie bitte an die fünf Möglichkeiten, mit einem Minderwertigkeitskomplex umzugehen:

○ unterlassene Kompensation,
○ versuchte, aber mißglückte Kompensation,
○ geglückte Kompensation,
○ Überkompensation aus eigener Kraft,
○ Überkompensation mit fremder Zusatzkraft.

Von fünf Möglichkeiten führen nur zwei zu einer befriedigenden Lösung: die geglückte Kompensation und die Überkompensation aus eigener Kraft. Bedenken wir die Häufigkeit von Minderwertigkeitskomplexen, können wir uns vorstellen, wie viele nicht befriedigend bearbeitet werden. Betrachten wir ferner, wie mit Hilfe von Werbung und Propaganda die Gefühle der Minderwertigkeit tagtäglich angeregt werden. Auf unternehmerischer Seite mit der Werbung: »Du bist nichts, zumindest fehlt dir was, wenn du nicht mein neuestes Produkt hast«, und auf der politischen und gewerkschaftlichen Seite mit der

Propaganda: »Wehr dich gegen deine Ausbeutung, denn du wirst von allen betrogen – nur nicht von uns! Allein bist du nichts außer ein armes Opfer.«

Zwar nimmt nicht jeder diese Sprüche ernst, aber die Dauerbombardierung kann nicht ohne Folgen bleiben. Wen wundert es dann noch, wenn etwa 60 bis 70 Prozent aller Erkrankungen psychosomatischer Natur sind? Auf den Karteikarten von psychosomatisch arbeitenden Ärzten finden sich oft »verräterische« Angaben über Patienten: ehrgeizig-perfektionistisch – überfordert – unterdrückt – innerlich getrieben und doch oft matt und schwach – unsicher – nachgiebig – ungeliebt – übermäßig abhängig von anderen – Versagensängste – Eifersucht – Sinnlosigkeit ... mit einem Wort: Folgen unterlassener oder falsch angepackter Kompensationen. Ausführliches zum Thema »psychosomatische Krankheiten« finden Sie in meinem Buch »*Alarmsignale der Seele*« (Ariston Verlag, 1992).

4. Die Kunst der Sublimation

»Gute Handlungen sind sublimierte böse« – so steht's bei NIETZSCHE. FREUD konnte es wieder einmal nicht lassen, etwas vom begabteren Psychologen zu übernehmen – ohne Angabe des Fundorts –, und die Anleihe nach seiner fixen Idee vorzustellen. So muß bei ihm Sublimation definiert werden als Umwandlung von sexueller Triebenergie in gesellschaftlich geschätzte, zumindest aber tragbare Aktivitäten. Ein Beispiel: Eine Nonne verdrängt ihre unzähmbare Libido, indem sie den Herrn fast bis zum Wahnsinn liebt, mit ihm spricht, ihn vernimmt, ihn fühlt und dafür auch noch in den Geruch einer mystischen Heiligen kommt; oder ein Mönch lebt sein erotisches Interesse für Frauen ausschließlich im geistig-seelischen Kontakt mit der Jungfrau Maria aus. Übrigens ist dem Vatikan bei solch hitzigen Sublimationen nie recht wohl gewesen. Die mittelalterlichen Barden waren da schon ehrlicher: Sie besangen die unerreichbare Dame in hoher Minne und vergnügten sich in niederer mit dem weiblichen Personal.

Sublimation ist keine Abwehr, keine Verdrängung, bei der das Es ausgeschaltet werden soll, weil man sich seiner Triebrichtung schämt. Der Sublimierer bedient sich im Gegenteil der ganzen Schubkraft seiner Triebwelt. Er erlaubt sich eine »Triebabfuhr«, wie wir uns eine Müllabfuhr erlauben. Er »recycelt« aber seinen unerwünschten »Müll« in edle künstlerische, religiöse, soziale oder wissenschaftliche Leistungen. So wird aus einem dubiosen Es ein strahlend sauberes Über-Ich, mit dem er sich wohl fühlt und auch noch sehen lassen kann. Bei der Sublimation spielen *Fiktionen*, also bloße Annahmen, eine entscheidende Rolle.

Ist ein Minderwertigkeitskomplex der Auslöser, können wir folgendes Ablaufschema der Sublimation zugrunde legen:

1. Aus Scham verniedlicht die Seele einen Minderwertigkeitskomplex und findet für ihn eine gute Ausrede. Statt sich zu sagen: »Ich bin für die Schulfächer zu dumm«, klingt es besser zu sagen: »Ich interessiere mich ganz einfach nicht für die Schule, sondern für das Leben. Und deswegen habe ich schlechte Noten.« Oder: »Ich habe rücksichtslos gehandelt, aber es war nicht für mich, es war für die Partei/die Firma/die Wissenschaft. Hätte ich es nicht getan, dann hätten es die anderen getan. So ist nun einmal das Leben/die Wirtschaft/die Politik/der Fortschritt/der Spitzensport ...«

2. Die Seele verkehrt den Grund für den Minderwertigkeitskomplex in sein Gegenteil. Ein Beispiel: »Daß ich mich für den Kleinkram nicht interessiere (etwa bei flüchtiger Aufmerksamkeit oder Konzentrationsschwäche), spricht für mein großes Talent. Ich bin zu Höherem berufen!«

3. Nun arbeiten alle Wünsche, Phantasien, Energien auf ein fiktives Persönlichkeitsideal hin. Es wird alles vermieden, was dieses Persönlichkeitsideal in Frage stellen könnte. In Demokratien eignet sich zur Rechtfertigung von Privatwünschen am besten die »gute Sache für die Allgemeinheit«.

Endgültige Ziele der Sublimation des jeweiligen Persönlichkeitsideals sind:

○ durch Bescheidenheit zu glänzen,
○ durch Demut zu herrschen,
○ durch Schwäche zu überwinden,

O durch Leiden anderer schlechtes Gewissen zu erzeugen,
O durch Mitleiden zu profitieren,
O durch Passivität anzugreifen,
O durch Ducken groß zu werden,
O durch Opfer zu kassieren,
O durch Poltern den Edlen zu spielen,
O durch Kränkeln Gesunde zu beschämen,
O durch Ideale das Unerläßliche schlechtzumachen,
O durch Verdrehungen alles zurechtzurücken.

Die Logik der Sublimation ist eine Privatlogik, die ohne Syllo-
gismus auskommt. Der Sublimierer ist wie ein Hypnotisierter,
dem aufgetragen worden ist, während einer Sitzung seinen Regenschirm aufzuspannen. Fragt man ihn dann, warum er dies
getan habe, kratzt er sich am Ohr und sagt vielleicht: »Ich wollte
nur sehen, ob es mein Regenschirm ist.« Er findet immer einen
»guten« Grund.

Der zur strategischen Zukunftsplanung unfähige Politiker
verschanzt sich hinter der Verantwortung für das »operative Detail«, weswegen er keine Zeit mehr für Strategien habe; der dem
Detail gegenüber Kurzsichtige schwärmt von der Bedeutung
der »großen Linie und des weiten Horizonts« und ist sich zu
gut für das, was er nicht kann; selbst ein Faulpelz nennt sich
noch einen »rationellen Arbeiter«, und ein Wirrkopf schreibt
sich schöpferische Flexibilität zu – Beispiele für Sublimation.

Der Verwandlungskünstler

Wir können die Bedeutung von Sublimationen für das Einzel-
schicksal, aber auch für die Gruppe oder für ganze Völker nicht
hoch genug einschätzen. Oft gleicht der Sublimierer dem Al-
chimisten, der aus Wertlosem Gold zu machen versucht.

Sublimation kann natürlich nicht den Genotyp, die Summe des Erbbildes, die Summe aller schlummernden und entwickelten Anlagen, verändern. Sie vermag aber den Phänotyp zu beeinflussen, den von der Umwelt aktivierten und geformten Teil einer Persönlichkeit. Der Sublimierer begibt sich in ein neues Umfeld (auch wenn er es sich erst erfinden muß) und setzt sich der Formkraft neuer Reize aus. Dementsprechend wird er zu neuen Antworten, neuen Verhaltensweisen gezwungen. Er stellt sich neue Aufgaben und muß neue Lösungen finden. Der von diesen neuen Idealen Erfüllte idealisiert sich nun selbst, denn vom Glanz seiner neuen Ziele fällt auch ein vergoldender Strahl auf ihn. Er ist jemand geworden. Er hat sich ausgezeichnet. Je niedriger sein Ausgangspunkt war, desto stolzer ist er nun auf seinen erhöhten Standpunkt.

Und der Sublimierer fängt an, sich zu lieben. Hören Sie sich einen solchen Liebhaber an: »So wie ich die Frieda liebe, hat noch nie einer geliebt.« Und er sagt es nicht nur, er glaubt es sogar! Natürlich hätte er statt Freundin Frieda auch andere Werte nennen können: die armen Tiere, das Vaterland, Gott, die Partei, die Menschheit, die Kunst ...

Kein Wunder, daß sich eine solche Selbsterhöhung auch organisch auswirkt. Ging er gestern noch so wie seine Nachbarn, glaubt mancher von der Sublimation Illuminierte, ihm seien Flügel gewachsen und er werde jetzt gleich abheben, und dementsprechend bewegt er sich. Die Gefahren für diesen Transfigurierten vermehren sich zusehends, denn »erhoben« wird er erhaben und riskiert, sich immer mehr seiner Instinkte zu entledigen.

Instinkte sind nicht dumm. Auch ohne Intelligenz handelt das Tier klug, der Regenwurm etwa, der die von nahenden Schritten vibrierende Erde bemerkt und sich schnell in sein Loch zurückzieht: Intelligenz ohne Gehirn. Tiere ohne In-

stinkte wären schon längst ausgestorben. Der vom Instinkt ver-
lassene Mensch aber erinnert an MONTAIGNEs Verrückten, der
zwar nicht in der Lage ist, einen Wurm zu machen, aber Götter im Dutzend fabriziert.

Der Körper als Spiegel der Seele

Stellen wir uns das Gehirn als Computer vor, dann produziert
die jeweilige Software unsere Stimmungen, Haltungen, Handlungen. Ein Beispiel: Ein Telefonat kündigt mir für den nächsten Tag sehr lieben Besuch an. Diese angenehme Software kann
sehr schnell mein Verhalten verändern, so daß man mir den
Inhalt des Gesprächs ansehen, vielleicht sogar meiner Stimme
anhören könnte.

Neurologen liefern immer mehr Beweise für die unendliche
Zahl von Nervenfaservernetzungen, die ständige Brücken zwischen Körper und Psyche bilden. Über die unvorstellbar engen synaptischen Spalten »redet« der Geist mit dem Körper.
Und auch der Körper beginnt zu sprechen – in der Körpersprache.

Ein Schauspieler soll zum Beispiel in einigen Minuten als
Richard III. auftreten. Die Software »Richard III.« beeinflußt
mehr oder weniger schnell und ausgeprägt seinen Bewegungs-
apparat, die Muskelspannung in Hals und Rücken, den Gesichtsausdruck, so daß der begabte Mime als grausam-ver-
schlagene Persönlichkeit auf die Bühne tritt. Nach dem ersten
Schlußvorhang legt er die Software »Schauspieler« ein und
dankt in dieser Rolle dem Publikum. Im Theatercafé tritt er
dann mit der Software »Kollege Müller« auf.

Haben Sie nicht auch schon erlebt, daß plötzlich jemand in
eine ganz andere Stimmung und Körpersprache hineinversetzt
wurde, so daß Sie erst mal sprachlos waren? Ich glaube meinen

Hund gut zu kennen, und trotzdem bereitet er mir manchmal unvorhersehbare Überraschungen. Da wird er plötzlich bei der Annäherung einer unbekannten, eher häßlichen Mischlingshündin zu einem tänzelnd freundlichen Galan oder aber zu einer so zähnefletschenden Bestie, daß ihm jede Versicherungsgesellschaft mit gutem Recht die Aufnahme in ihre Haftpflicht verweigern würde. Ein andermal scheint er völlig blind zu sein, obgleich er aus den Augenwinkeln Blicke verschießt: fürwahr eine multiple Persönlichkeit.

In dieser Hinsicht erscheinen uns auch Menschen verdächtig, die uns innerhalb kurzer Zeit nicht nur mit unterschiedlichen Meinungen, sondern auch mit unterschiedlichen Körpersprachen überraschen.

Einen solchen Fall schilderte der HERZOG VON WELLINGTON dem schottischen Historiker JOHN WILSON: »Unter bestimmten Umständen war Lord Nelson zwei verschiedene Männer, wofür ich mich verbürgen kann ... Ich ging ins Kolonialamt in der Downing Street, wo ich unter den auf den Staatssekretär Wartenden sofort Lord Nelson erkannte. Er konnte nicht wissen, wer ich war, aber er fing sogleich mit mir ein Gespräch an, sofern ich es ein Gespräch nennen kann, denn er sprach fast ausschließlich und auch nur über sich, und auf eine so eitle und unauffällige Art, daß ich ganz überrascht und beinahe angeekelt war. Ich nehme an, daß eine meiner wenigen Bemerkungen ihn auf die Idee brachte, ich könnte auch ›wer‹ sein. Er verließ kurz den Raum, zweifelsohne, um den Bürodiener zu fragen, wer ich sei. Als er zurückkam, war er insgesamt ein anderer Mensch, sowohl nach seinem Verhalten als nach seinem Wesen. Alles, was ich für den Stil eines Scharlatans gehalten hatte, war verschwunden, und er redete vom Zustand unseres Landes und den politischen Entwicklungen auf dem Kontinent mit gesundem Verstand und Sachwissen über in- und ausländische Angelegenheiten. Er sprach wirklich als Offizier und Staatsmann.«

Schlußfolgerungen aus diesem Fall: Obgleich Held der britischen Nation, litt der sehr unscheinbare und aus ärmlichen Verhältnissen stammende Nelson immer noch an einem so starken Minderwertigkeitskomplex, daß er sich sogar einem ihm Wildfremden gegenüber in Positur setzen mußte. Als er merkte, daß er mit dieser Software einem Wellington nicht imponieren konnte, legte er – wiederum unbewußt – die Software »Vernunft« ein.

Auch sehr große spätere Erfolge können also nicht die Narben eines Minderwertigkeitskomplexes wegätzen. Man kann sie nur verstecken. Ein erfolgreicher, vermögend gewordener Mann faßte diesen Tatbestand so zusammen: »Wer arm geboren worden ist, wird immer arm bleiben.«

Obwohl auch GOETHE ab seinem 26. Lebensjahr täglich in adliger Gesellschaft verkehrte, gelang es ihm nicht, sich deren selbstsicher-lockere Art anzueignen, was auch von seinen größten Bewunderern immer wieder festgehalten wurde. NAPOLEON wollte sogar bei dem größten Berufsschauspieler seiner Zeit, TALMA, lernen, wie man als Kaiser geht und einen Umhang trägt: vergeblich. Dabei besaß er ein großartiges Talent für berechnende Verstellungen. Trotzdem fiel es dem alten Aristokraten TALLEYRAND immer wieder auf, wenn Napoleon zu schnell von einem Wutanfall in den Normalton zurückschaltete. Als der Kaiser ihn einmal tief beleidigt hatte, sagte er unüberhörbar: »Wie schade, daß so ein großer Mann so schlecht erzogen ist.«

Ein Benehmen, das uns ausgefallen, ungewöhnlich, abrupt wechselnd erscheint, läßt uns nach Ursachen suchen und den Erfahrenen an Kompensationen denken. Wir sagen/fragen:

○ Widersprechen sich Worte und Taten, glaube ich nicht den Worten!

○ Was an diesem Benehmen ist Selbstwertgefühl, was ist Zusatzkraft?

O Was davon ist der Mensch selbst, und was ist das Werk einer möglichen Sublimation?

O Ist es unbewußte Sublimation oder Mache?

Ein mir gut bekanntes, vertrauenswürdiges Ehepaar hatte einmal in seinem Landhaus einen Bonner Minister als Feriengast. Nach seiner Scheidung fühlte er sich ziemlich einsam und war für gute Gesellschaft dankbar. Der Mann erwies sich als sehr angenehm, half der Hausfrau mit Handreichungen, deckte den Tisch und servierte ab. Auch mit seinen drei Leibwächtern ging er fast kumpelhaft um. Bei einer Wanderung überkam die Runde ein namhafter Durst, und sie landete auf einer Hotelterrasse, wo der Minister sofort erkannt und von einem Mädchen um ein Autogramm gebeten wurde. Meine Bekannten: »Wir haben noch nie eine so schnelle Verwandlung eines Menschen erlebt. Er richtete sich auf, schob energisch das Kinn vor, seine Augen fingen zu funkeln an und warfen dominierende Blicke unter die Leute. Wir wetten, er hat seine Veränderung selbst nicht gemerkt.« Die Hausfrau war in einem Gut mit Gestüt aufgewachsen. Sie fügte hinzu: »Wenn ein Hengst eine rossige Stute schnuppert, verwandelt er sich ähnlich ausgeprägt.«

Das Gefährliche an Kompensation und Überkompensation ist schlechte Schauspielerei, und auch eine Sublimation ist erst geglückt, wenn sie unbewußt geworden ist. Sie darf keine Heuchelei von Bescheidenheit sein, sondern muß von einem guten Gewissen getragen werden, das allen Selbstbetrug vergessen hat und so unkompliziert reagiert wie ein ungebrochener Instinkt.

Öffentliche Probleme wegen persönlicher Sublimation

Von den Programmatikern und ihrem unbewußten Bedürfnis, Selbsterlittenes der Welt zu ersparen, war bereits die Rede. Nehmen wir KARL MARX: Schon als Student rieb er sich an den besser betuchten Klassen, deren Söhne als Studenten flotter leben konnten, obwohl er mit unflätigen Aggressionen aus seinen Eltern höhere Wechsel erpreßte, als sie sich leisten konnten. Dann war er als Journalist von Juristen und Polizisten, den Bütteln der herrschenden Klassen, gejagt, gescheucht. In London wurde er von Gläubigern gehetzt und von ENGELS ausgehalten. Er verbrachte Jahr um Jahr lesend und exzerpierend in der Bibliothek des Britischen Museums, morgens hin, abends heim. So hatte er noch am ehesten Ruhe vor der Not zu Hause.

Aus einigen seiner privaten Äußerungen und aus seinem Verhalten, dem man ja viel mehr vertrauen kann als Worten, ergibt sich der Verdacht, daß das Schicksal der Arbeiterklasse, die er ja nicht kannte, für ihn nur die Brechstange und der Hebel war, um Rache an den besitzenden Klassen zu nehmen:

Rache war auch das Sublimationsmotiv von J.-J. ROUSSEAU: Neid des Zur-Seite-Geschobenen auf die Besitzenden ließ den jungen Vollwaisen und Edellandstreicher eine Serie von Schurkereien begehen, bis er sich mit seiner revolutionären Philosophie durchsetzte. Nun wären ihm die Salons der Mächtigen offengestanden, aber er zog das »einfache Leben« in schäbiger Kammer vor, um seine vermögenden Feinde auch so noch zu beschämen.

Rousseau und Marx geben zwei großartige Beispiel dafür, wie man aus persönlichen Problemen folgenschwere öffentliche Probleme macht. Und Fernsehzuschauer im deutschsprachigen Raum konnten in den letzten Jahren – angenehm unterhalten – ebenfalls erleben, wie ein Mann aus seinem Problem ein öffentliches machte. Da lebt in Norddeutschland ein gutaussehender, beredter, sehr publikumsorientierter Pianist, aber eine musikalische Belanglosigkeit unter den Großen seines Fachs. Er wollte jedoch berühmt werden. Statt sich zu sagen: »Dafür fehlt es dir an Talent«, propagierte er, daß in seiner Heimat Musikkultur fehle. Er organisierte ein Festival, umrahmte das Programm mit einigen leichteren Klavierstücken aus seinen Händen, lud einen weltberühmten Dirigenten ein – und verursachte den Steuerzahlern eine Menge Kosten. Als dann der berühmte Dirigent starb, wollte unser Mann sich auch noch einen Namen als Dirigent machen. Die Schüler meuterten, das Musikfestival geriet außer Takt, der Mann mußte gehen: Wie meist blieben »Sachzwänge« zurück.

Sachzwänge entstehen, wenn eine bestimmte Art von Menschen (Politiker und andere »Guttuer«) ihre einst persönlichen Probleme zu öffentlichen machen, deren Kosten wildfremde Menschen (meist die Steuerzahler) tragen müssen.

Nun würde es mich nicht wundern zu hören: Was hat das Ganze mit Sublimation zu tun? Dem Mann ging es doch von Anfang an um eine eindeutige Sache: zu Ruhm und Geld zu kommen. – Zugegeben, daß kaltes Kalkül die Festspielwelle ausgelöst hatte. Mit dem Erfolg aber wachsen Macht, Bedeutung und auch deren verblendende Wirkung. Bundeskanzler KONRAD ADENAUER hatte dies an vielen Beispielen studiert, bevor er sagte: »Es ist unvorstellbar, welche psychologische Wirkung ein Ministersessel auf seinen Inhaber ausübt.«

Die Versuchung der Macht am eigenen Leibe erlebte und schilderte mit ungewöhnlicher Offenheit FRANÇOISE GIROUD in ihrem Buch »*La Comédie du Pouvoir*« (»Die Macht-Komödie«), wo sie schreibt, Macht führe zu einer »Erweiterung des Ichs ... Das Ich schwillt an, bläht sich auf, entfaltet sich, schwingt die Hüften. Man wird liebkost, hofiert, umworben, fotografiert, beleidigt, karikiert und vom ganzen Apparat, der

einen umgibt, gestützt in dem eigenen Gefühl der Bedeutung
und Einmaligkeit.«

Wer nur drei Tage hintereinander jeweils den Lokalteil seiner Zeitung liest, sieht schwarz auf weiß, wie viele Gestalten
sich auf seine Kosten umsonst, aber nicht gratis herumtreiben:
Rädchen der »Bullshitting Machine«, wie ERNEST HEMINGWAY
jenen Apparat nannte, der berufsmäßig Eigennutz, Machtstreben und Selbsterhöhung als unerläßlich und obendrein noch
rational darstellt.

»Etwas Wichtiges gestalten«, »eine Idee verwirklichen«, »etwas durchsetzen«: meist nur andere Ausdrücke für Selbsterhöhung durch Selbstsublimation! Dabei ist es gleichgültig,
ob am Anfang ein Narr oder ein Gauner oder beides in einer
Person dahintersteckt. Ein Beispiel: Ein Mann schlägt seiner
Firmenleitung den Aufbau einer neuen Abteilung vor und
führt dazu ein Dutzend guter Gründe an. Die Firmenleitung
kann sicher sein, daß er

○ dies nie getan hätte, wenn davon einer seiner Rivalen profitieren könnte;
○ sich von seinem Vorschlag einen Nutzen für sich selbst ver-
  spricht, und sei es auch nur, auf sich aufmerksam zu machen
  oder sich damit selbst zu bestätigen;
○ damit einen Rivalen treffen will.

Manch einer macht die Menschen erst krank, um sie dann mit
Bravour heilen zu können, und damit sind nicht nur medizinische Scharlatane gemeint. Der sublimierende HITLER etwa redete einem Großteil der Deutschen erst die Panik vom ein-
gekreisten Volk ohne Raum ein, um sie dann mit einem Krieg
davon zu befreien.

Sublimation erweist sich für den Sublimierer als besonders
ergiebig, wenn die von ihm sublimierten eigenen Probleme auch

die Probleme einer Vielzahl von Menschen sind. Dann wird er sofort verstanden und erlangt schnell eine Gefolgschaft.

Auf der Suche nach würdigen Zielen für seine starke Neigung zu Pedanterie und Askese sublimierte sich ROBESPIERRE zum »Unbestechlichen«, wurde aber zunächst eher belächelt als bewundert. Als sich jedoch nach dem Tod des Volkshelden MIRABEAU dessen Bestechlichkeit herausstellte, wurde der Unbestechliche zum blutigen Heiligen der hungernden Pariser Massen.

Sublimationen mit historischen Auswirkungen

Je größer die privaten Probleme sind, die sublimiert werden sollen, desto stärker fällt die Sublimation aus. Damit soll verhindert werden, daß die späteren Aktionen des Sublimierers an Schwung verlieren, würde er noch an seine oft beschämenden Privatprobleme erinnert.

Ein erfrischendes Beispiel für Mangel an Sublimation zeigte jener revolutionierende General, der am Tage seines Staatsstreichs alle seine Feinde davor warnte zu versuchen, gegen ihn solche Methoden zu verwenden, die ihn an die Macht gebracht hatten. Keiner Sublimation bedurfte auch KARL LIEBKNECHT, um Revolutionär zu werden. Sehr poetisch gesprochen: Als Sohn eines Berufsrevolutionärs übte er den Aufstand bereits in der Wiege. Als dann für den studierenden Waisen der Kassierer der sozialdemokratischen Partei finanziell an Vater Statt einspringt, gehört Karl den Sozialisten mit Haut und Haaren.

Ganz anders FRIEDRICH ENGELS, der Sohn vermögender Fabrikbesitzer, der zur *jeunesse dorée* hätte gehören können. Pietistisch erzogen, nahm er zum Entsetzen der frommen Kapitalisten und Pfarrer das Evangelium ernst. Ihm entging nicht das Elend in den Fabriken und Wohnvierteln der Arbeiter seines

Vaters und dessen Kollegen, »das unglaubliche Ausmaß von Syphilis und Brustkrankheiten«, ferner von Alkoholismus, Prostitution und Elendsvagabundentum. Natürlich sahen das auch die Kinder der anderen Fabrikherren. Aber Friedrich sah noch etwas: Die pietistischen Fabrikeigentümer gingen am rücksichtslosesten mit ihren Arbeitern um. Sie »haben ein weites Gewissen, und ein Kind mehr oder weniger verkommen zu lassen, bringt keine Pietistenseele in die Hölle, besonders wenn sie alle Sonntage zweimal in die Kirche geht«.

Engels regte sich nicht nur über die Ausbeutung auf, mehr vielleicht noch über die Heuchelei der Glaubensbrüder und Standesgenossen und am meisten über seine Eltern, die ihm eine so fragwürdige Religion anzudrehen gewagt hatten. In einer seiner ersten Publikationen befaßte er sich mit der »Heiligen Familie«, später dann, vor allem im engsten Kontakt mit MARX, mit der Abschaffung von Typen, wie seine Eltern es waren.

Vor dem nächsten Beispiel sei daran erinnert: Sublimation verwandelt Triebenergien in etwas Erhabenes, das gut klingt. Das »Ausgangsmaterial« wird vergessen; somit muß man sich seiner nicht mehr schämen und kann deshalb ganz beherzt und besten Gewissens um sich schlagen. Man streitet schließlich für hehre Werte!

Einer der stärksten Motivatoren ist die Eitelkeit, das Verlangen nach Anerkennung. Und je mehr einer an sich selbst zweifelt, desto mehr Anerkennung braucht er von anderen. Nun genießt aber Eitelkeit keinen guten Ruf. Kaum jemand nennt sich öffentlich eitel: dazu wäre er zu eitel. Wir können Eitelkeit nicht hoch genug veranschlagen für den Sublimationsprozeß.

Nun zu einem weiteren Weltverbesserer – FERDINAND LASSALLE: aus reicher Kaufmannsfamilie, widerspenstig gegen den Wunsch des Vaters, die Firma zu übernehmen, begeistert von

Geschichte, Philologie, Philosophie, schon als Student so brillant, daß er HEINE, HUMBOLDT und SAVIGNY auffiel. Während der Unruhen von 1848 verhaftet, nannte er sich vor Gericht einen »Revolutionär aus Prinzip«. Das klingt gut aus jungem Mund. Aber Lassalle hatte einen besonderen Grund zu revoltieren: Er war Jude. Damals hieß als Jude in Deutschland zu leben ungefähr soviel, wie es heute heißt, als Schwarzer in einem weißen Viertel der USA ein Architektenbüro oder eine Arztpraxis zu eröffnen. Gut aussehend, den Frauen zugetan, brillant als Plauderer, Redner, Schriftsteller und Pfau, wollte er den Ladengeruch der jüdischen Kaufmannsfamilie loswerden. Wie MARX strebte er eine akademische Laufbahn an, und wie dieser scheiterte er: eine Weichenstellung in beider Leben.

Mit 21 Jahren bot sich ihm die Gelegenheit, sich auch als Ritter hervorzutun: Er lernte die noch immer schöne Gräfin SOPHIE VON HATZFELD aus fürstlichem Haus kennen und lieben, die sich gerade von einem Wüstling scheiden lassen wollte. Obwohl er kein Rechtsanwalt war, übernahm er in einem pikanten Sensationsprozeß die Verteidigung, dann verfaßte er eine zweibändige Dissertation über HERAKLIT, seinen elitären Geistesbruder, kämpfte an der Arbeiterfront als mitreißender Volkstribun, forschte über FRIEDRICH DEN GROSSEN sowie über FICHTE und verfaßte ein Drama über FRANZ VON SICKINGEN, einen zum Revolutionär gewordenen Aufsteiger; er trieb Außenpolitik, verhandelte mit BISMARCK, dem er imponierte, fing ein Techtelmechtel mit der Tochter eines Botschafters an, die aber bereits einen Bräutigam hatte, der ihn zum Duell forderte und ihn in Genf erschoß. Ein romaneskes Leben à la LORD BYRON (gepeinigt von seinem Klumpfuß) und à la PUSCHKIN (der wie ein Mulatte aussah; sein Urgroßvater mütterlicherseits war Afrikaner gewesen): drei Genies, deren Leben tragisch endete, bis zum letzten Tag aber angetrieben war von tiefsitzenden Komplexen.

Der Wortschatz der Sublimierer

Es wurde bereits darauf hingewiesen, daß sich in die Reihen der sublimierenden Idealisten auch Spitzbuben einschleichen, Kreide fressende Wölfe in Mönchskutte mit Engelsflügeln. Erinnert sei aber auch daran, daß großer Erfolg selbst Halunken ihre Startlöcher vergessen läßt. Was immer das wahre Motiv von »Guttuern« sein mag, wir sollten mit spitzen Ohren Formulierungen wie diese aufnehmen:

○ »Ich erfülle nur meine verdammte Pflicht und Schuldigkeit.«
○ »In Gottes Namen, einer muß es schließlich tun.«
○ »Einer muß die Verantwortung tragen, und nach reiflicher Überlegung gebe ich mich dazu her.«
○ »Ich stelle meine nicht unwesentlichen Erfahrungen dafür zur Verfügung.«
○ »Ich setze mich für die Menschen ein.«
○ »Ich verwirkliche meine Ideen zum Nutzen von ...«

Niemand spricht die Sprache der Ideale fließender als der Egoist.

Sublimationsfördernde Faktoren

Zwar ist Sublimation die Umwandlung von (nach FREUD sexueller) Triebenergie in gesellschaftlich höherbewertete, zumindest aber akzeptierte Aktivitäten, also in etwas Positives; genau betrachtet resultiert Sublimation jedoch in der Selbsterhöhung des Sublimierers.

Sublimation und die Beibehaltung dieses Zustandes werden gefördert durch:

○ affektarme Beziehungen: Emotionale Distanz erleichtert die Durchsetzung eigener Ziele ohne Rücksicht auf die Interessen anderer;

○ geringere Bindungen an Moralvorstellungen: Wer im Andersdenkenden einen Ketzer, Vaterlandsverräter oder Defätisten sehen kann, wird mit größerem Elan gegen ihn vorgehen als der Objektive;

○ Nützlichkeitserwägungen: Sie erleichtern einem die Anwendung von Tricks, unfairer Dialektik, Lügen und so fort. In Fällen von gelungener Sublimation wird der Illuminierte allerdings energisch bestreiten, Ziel und Taktiken seiner Sublimation unter Nützlichkeitserwägungen zu sehen;

○ geistig-seelische Beschränktheit: Don Quijote war ein Sublimierer von großen Gaben, sein Gegenpol Sancho Pansa fragte sich dagegen: »Bekommen wir Blumen oder faule Eier?«

Der Absturz in die Tiefe

Da leben ein Kolumbianer und eine Lettin seit zwei Jahrzehnten in den USA, und sie fühlen sich als Yankees so stolz wie der Mann im Weißen Haus. Sie sprechen, essen, trinken, wohnen, arbeiten und träumen amerikanisch. Bei einer Brandkatastrophe aber schreit er sie auf spanisch an, und sie antwortet auf lettisch. Beide verstehen kein Wort. Von solchen Vorfällen berichten Feuerwehrleute immer wieder.

Unter starkem Streß können wir in unsere Kindheit zurückfallen. Zurückfallen in die Zeit vor den Rationalisierungen und vor den Sublimationen.

Aus der Angst heraus, ein entscheidendes Match zu verlieren, verhält sich ein weltberühmter Tennisprofi und Multimillionär wie ein strampelndes, ungezogenes, schreiendes Baby auf

Wimbledons heiligem Boden. Und in einer Konferenz flippt der Vorstandssprecher beim zweiten Widerspruch über alle Gebühr aus. Hinterher von seinem Coach befragt, erzählt er von Erniedrigungen in seiner Kindheit durch Eltern und Geschwister. Er war kein Vorzeigejunge gewesen, nicht wie seine Geschwister hübsch und gewandt. Ungewollt provozierte er damals immer wieder Ablehnung. Inzwischen hatte er sich durch Leistung das Image eines souveränen Bosses aufgebaut; als er nun aber zwei Einwände hintereinander hörte, klappte die Fassade zusammen. Er wunderte sich selbst, wie leicht er aus dem Sattel gestürzt war.

Meist vermag nur ein Hurrikan das Kartenhaus der Sublimation zu erschüttern. Erst dann merkt der Sublimierer, daß er eine Bretterbude bewohnt und nicht einen Betonbunker. Er trägt die Brille seiner Ideale und weiß nicht, daß er an einem ihm unbekannten Sehfehler leidet.

Ein Beispiel von diversem Auf und Ab eines Sublimations-Süchtigen: Ein Apotheker, Junggeselle mit Kontaktschwierigkeiten, wurde in einem zweiten Studiengang Mediziner und spezialisierte sich auf Gynäkologie. Nun hatte er dauernd mit Frauen zu tun. Effektiv hatte er seine unbefriedigte sexuelle Neugier sublimiert. Jede noch so kleine Anspielung auf die Frau als erotische Freude des Mannes veranlaßte ihn zu grimmigen Attacken. Andererseits war er von seinem gynäkologischen Wissen so überzeugt, daß er Patientinnen, die ihre Schwangerschaftsbeschwerden oder die Schmerzen bei ihrer letzten Entbindung schilderten, mit den Worten korrigierte: »Das ist unmöglich. Das kann nicht so gewesen sein.« Als eine Wöchnerin ihn daraufhin fragte: »Haben nun Sie entbunden oder ich?«, entließ er sie vorzeitig aus der Klinik. Die Sublimationen brachen zusammen. Schließlich wechselte er den Beruf und nahm eine Stelle als Produktionsleiter in einer Arzneimittelfirma an. Seine Mitarbeiter waren zu etwa 90 Prozent Frauen.

Um ihnen zu ihren Rechten zu verhelfen, wandte er alle Arbeits- und Schutzvorschriften so peinlich genau an, daß schließlich die Frauen selbst revoltierten. Der nach außen hin sozialistisch eingestellte Apotheker war fassungslos über soviel »gesellschaftliche Dummheit« der Frauen. In Wirklichkeit war er auf soziale Fortschritte in seiner Abteilung nur deswegen erpicht, weil die kapitalistische Geschäftsleitung meist dagegen war und er sie mit Gesetzesparagraphen zu etwas zwingen konnte. Er wechselte dann doch wieder in eine Apotheke. Als älterer Herr heiratete er eine junge Studentin. Nun konnte er wieder sublimieren: Neben seinen beruflichen Pflichten übernahm er auch noch die Hausarbeiten und lernte mit ihr während der Wochenenden.

Was hat Macht
mit Kompensation zu tun?

1. Verschiedene Formen der Macht

Macht ist nicht nur die Möglichkeit, seinen Willen gegen Widerstand durchzusetzen, Macht spielt ihre Rolle auch in den subtilsten Bereichen des menschlichen Zusammenlebens. Wenn von zweien, die sich lieben, einer mehr liebt, verfügt der andere Macht über ihn. Wer es versteht, jemandes Interesse zu erwecken, beherrscht – zumindest für eine gewisse Zeit – dessen Phantasie und damit in gewissem Maße auch ihn. Ein sehnlichst gewünschter Besitz kann entgegen aller Vernunft jegliche freie Entscheidung unterdrücken und sich mächtiger, sogar verhängnisvoller auswirken als ein Raubüberfall.

In letzter Instanz ist Kompensation der Versuch, ein durch echte oder eingebildete Mängel entstandenes Manko auszugleichen, damit sich ein Zustand einstellt, der ohne dieses Manko bestünde. Und warum wird dieser Zustand angestrebt? Weil ein Defizit schwächt, das Ansehen, den Einfluß, die Macht über andere vermindert, gleichgültig, ob das nun einen Verlust an möglicher Liebe und Bewunderung oder materielle Einbußen bedeutet. *Kompensieren heißt Macht gewinnen oder erhalten wollen.* Und deshalb müssen wir uns hier mit den verschiedenen Formen der Macht beschäftigen.

In kleineren Gruppen kann zentrale Lenkung für kürzere Zeit durch allgemeine Einsicht (solidarisches Verhalten auf freiwilliger Basis) ersetzt werden. Zur Koordination größerer Ver-

bände braucht man eine Zentrale, die neben Informationen
auch die Macht hat, Anweisungen durchzusetzen. Der Gefolgschaft würde es meist an den notwendigen Kenntnissen, an Einsicht und auch an Intelligenz fehlen.

Macht entsteht durch *Verführung*, *Bestechung* und *Unterdrückung*, wobei diese drei Größen nicht exakt voneinander ab-
zugrenzen sind. Ein Beispiel mag dies erläutern:
    Eine Firma hat einen neuen Mitarbeiter gewonnen, indem
sie ihm einen entwicklungsfähigen Posten und andere – schein-
bare – persönliche Vorteile in Aussicht stellte (*Verführung* und
teilweise *Bestechung*). Als Betriebsangehöriger muß er sich dann
einer Vielzahl von Anordnungen unterwerfen, vor allem auch
in Angelegenheiten, von denen er nicht überzeugt ist (eine Form
der *Unterdrückung*).
    Wer zu einer Machtposition gelangt ist, versucht umgehend,
seine Machtausübung als gerechtfertigt darzustellen und sie
notfalls durch Unterdrückung zu erhalten. Es bedarf meist
großer Intelligenz und Schläue, um an die Macht zu kommen.
Die einmal gewonnene Position zu sichern, ist wesentlich ein-
facher. In dieser geistigen Unterforderung liegt aber die Gefahr,
die Überzeugungsarbeit zu vernachlässigen, die Macht nur noch
zu genießen und die Ohn-Mächtigen auszunutzen. Funktions-
lose Übermacht schafft Spielraum für Willkür. Es liegt in der
menschlichen Natur, diesen Spielraum zum Eigenvorteil nutzen und dies wiederum vertuschen zu wollen.
    POLYBIOS schrieb schon zwei Jahrhunderte vor Christus: »Die
Herrschaft des einen, der wenigen, der vielen und wieder des
einen wird zerstört, weil in allen ein einziges unverwandelbares
Übel steckt: die Gier nach Macht.« Diese Gier nach Macht ist
der Schrei des Minderwertigkeitskomplexes nach Zusatzkraft,
der Schrei des Schwächlings nach Energie.

Verherrlichung der Gewalt

Die höchste Stufe der Macht ist Gewalt, und die »Krönung« von Gewalt sind Folter und Mord. Während Sie dieses Buch in Händen halten, genießen Millionen von Kindern und Erwachsenen mit roten Ohren, offenem Mund und starren Blicken Szenen der Gewalt im Fernsehen oder Kino. Mit so viel wohligem Schauer, daß sie entsetzt wären, würde plötzlich das Bild ausfallen. Es müssen nicht immer Menschen verbrannt oder zerlegt werden, anregend wirken auch mit perfekter Akrobatik verpaßte Prügel und kräftige Tritte, Schläge voller fernöstlicher Weisheit und tänzerischer Gelenkigkeit.

Seit Menschengedenken wurden Gewalttaten verherrlicht, darunter von Künstlern der allerersten Garnitur, etwa HOMER, der – nach älteren Vorbildern? – die Ästhetik der Gewalt so vollendet beherrschte, daß sie bis heute unübertroffen ist. Eine kleine Kostprobe: »Stieß an der Schläfe den Helm er durch mit erzener Stange. Und nicht hielt der eherne Helm. Es drang die Spitze gänzlich hindurch und brach auf den Schädel. Vom Blute besudelt ward das ganze Gehirn.«

Irgendwo bei Homer lesen wir auch, daß Haß süßer sei als Honig ...

Die griechischen Dramatiker besaßen genug Geschmack, um wenigstens auf der Bühne keine Grausamkeiten darzustellen, sondern sie nur zu schildern, dafür aber homerisch beredt. Erst bei den Römern wurden Mord und Totschlag auf der Bühne gezeigt. Und da die Römer große Realisten der Macht waren, sollte nicht nur in der Arena, sondern auch auf der Bühne echtes Blut fließen. Da mußte dann in der Todesszene ein Sträfling als Stuntman für den Schauspieler einspringen.

Gern wird in diesem Zusammenhang auf den jeweils herrschenden »Zeitgeist« verwiesen. Doch ist dieser immer von

Menschen geformt. »Zeitgeist« war es wohl auch, wenn PLA-
TON und ARISTOTELES die Sklaverei als etwas so Natürliches be-
trachteten wie wir die Notwendigkeit des Maschinenparks in
einer Fabrik.

Im Alten Testament ist Mitleid noch kein Thema, eher »Aug'
um Aug', Zahn um Zahn«. JEHOVA brüstet sich einige Male,
daß er kein Mitleid walten lasse. JESUS spricht zwar gelegentlich von Mitleid, doch modern wurde es erst, als man die Christen en gros verfolgte. Denn: *Eigenes Märtyrertum schärft den
Blick für fremde Gewalt.* Sobald die Christen aber Macht erlangt
hatten, ließ ihr Talent für Mitleid rasch nach, und sie erledig-
ten mit viel Bravour die Heiden. Und berichteten stolz davon.

Der heilige AUGUSTINUS scheint als erster über Mitleid phi-
losophiert zu haben. Er fragte sich, warum jemand – er nicht
ausgenommen – Lust empfinde beim Anblick von Leid, das er
unter keinen Umständen selbst erleben möchte. Er stellte viele
Fragen und wußte keine Antwort.

Meine Antwort: Es ist ein abwechslungsreicher Nervenkit-
zel zu sehen, was einem hätte passieren können, aber nicht passiert ist. Welch ein Spaß, daß es anderen noch schlechter er-
geht! (Bei Verkehrsunfällen hat die Polizei Schwierigkeiten, die
Gaffer zu vertreiben, die sich an fremdem Unglück nicht satt
sehen können.)

Oft geschildert und gemalt: der Freizeitsport der edlen Ritter, deren Turniere sogar einigen Königen Kopf und Kragen ko-
steten. Auch Bären und Wildschweine bewährten sich gelegentlich. Und die Freude erst bei Exekutionen mit Schwert,
Galgen oder Feuer nach gehöriger Folterung! Auch SHAKE-
SPEARE erlebte solche Spektakel noch ganz nahe und nicht ohne
Profit: Er lernte daraus für seine Bühnenwerke.

Krankhaft, weil selbst krank, machte NIETZSCHE aus der Ver-
herrlichung der Macht, dem Willen zur Macht ein Allheilmit-

tel nicht nur für seine eigene Dekadenz, sondern für alle Dekadenten, und alle sind in seinen Augen dekadent, die nicht nach Macht streben.

Mit tiefer Seele nimmt sich auch der Russe der Gewalt an: DOSTOJEWSKIJ plaudert vor und nach meisterhaft geschilderten Mordszenen mit oder über Gott, während der Italiener D'ANNUNZIO Macht und Gewalt hochjubelt und auch gelegentlich selbst praktiziert – aber nur, wenn er genügend Zuschauer hat.

HEMINGWAYs Kraftmeierei, bei der zwischen viel Konversation Nasen wie Caféeinrichtungen, Großwild, Haifische und Faschisten zerfetzt werden, schloß sich nach dem Ersten Weltkrieg an. Aber er war ein Anfänger im Vergleich zu HITCHCOCK und PASOLINI, deren Kunstinstrumentarium inzwischen zum Handwerkszeug jedes Filmautors und Regisseurs gehören muß.

Der vom Kleinkrieg des Alltags genervte, zur Anpassung gezwungene Bürger identifiziert sich mit dem Einzelgänger, dem Individualisten, dem Superman, dem Macho, dem Rebellen, der mit all dem fiesen Mist aufräumt, auch und gerade gegen die Gesellschaft und das Recht. Der Outlaw als begeisternde Norm.

Ein Roman- oder Stückeschreiber weiß also, daß in seinem Werk eine Gestalt vorkommen muß, der die Leser oder die Zuschauer den Daumen halten. Man freut sich mit seinen Lieblingen, und man bangt um sie: ein schöner menschlicher Zug, aber manchmal ein dummer. So ertappe ich mich immer wieder dabei, daß ich trotz professioneller Skepsis auch manchem den Daumen drücke, der alles andere als Glückwünsche verdient. So erst neulich, als ich in CÄSARs »Gallischem Krieg« las. Es gab Augenblicke, da ich zu ihm hielt und mich mit ihm über seine Erfolge freute. Erst wenn dann die Rede auf Feuerlegen,

das Morden und Abschlachten ganzer Völkerstämme kam,
fragte ich mich: »Was hatte der Kerl überhaupt in Gallien, Germanien und Britannien zu suchen?«

Was wollte KARL DER GROSSE in Nordspanien? Daß
NAPOLEON Europa mit Krieg überzog und bis Moskau vordrang, darauf sind heute noch Millionen Franzosen stolz; daß
ein gebürtiger Österreicher auch nach Moskau wollte, sehen sie
schon wesentlich weniger romantisch, denn der hatte ja auch
Paris heimgesucht.

Als ich die »*Geschichte Alexanders des Großen*« von GUSTAV
DROYSEN las, war ich hoch erfreut, als ALEXANDER endlich gestorben war. Der als einer der größten Historiker gepriesene
Droysen merkte nicht, was viele der Soldaten von Alexander an
Ort und Stelle gemerkt hatten: Der Mann war verrückt im klinischen Sinn des Wortes, ein verrücktes Genie, gefährlicher als
Millionen reinrassiger, aber tollwütiger Wölfe, die man erschießt. Wahrscheinlich tobt sich in all diesen verherrlichenden
Biographen eine verblendete Eitelkeit aus, welche die Schurkereien und den Wahnsinn ihrer Helden minimiert, damit
mehr Glanz auf die Schreiberlinge selbst abfalle.

2. Machtstreben als Wachstumstrieb

Wo immer sich Wachstum gegen Hindernisse durchsetzt, ist eine geheime Kraft am Werk, deren Erscheinungen wir zwar beschreiben, aber (noch?) nicht erklären können. Als physikalische Kraft finden wir Wachstum bei der Entstehung der Welt aus der Explosion einer Ansammlung von Wasserstoff, die noch nach Milliarden von Jahren diese Welt in jeder Sekunde in unvorstellbaren Ausmaßen wachsen läßt. Als biologisches Phänomen dieser Kraft präsentiert sich die Zellteilung, die Spaltung eines Organismus in zwei gleichen Inhalts – ohne fremdes Hinzutun.

Eine Art von Machtverhältnissen existiert auch in der anorganischen Natur. Treffen zum Beispiel Magnesium und Sauerstoff zusammen, erkennen sie einander, es finden also bereits Wahrnehmungen statt – sie reagieren aufeinander, nicht aber Gold und Sauerstoff. Chemische Verbindungen beweisen, daß Atome unter bestimmten Voraussetzungen es vorziehen, beieinanderzubleiben, anstatt allein durch die Gegend zu fliegen. So entstanden riesige Gebilde, auch unsere Erde. »Machtkonzentration« also auch schon in der unbelebten Natur!

Das einzellige Kolibakterium benötigt zur Zellteilung etwa 20 Minuten. Wäre sein Wachstum durch keinerlei Nahrungs- oder Platzmangel eingeschränkt, so hätte ein Kolibakterium nach 24 Stunden 2^{72} (eine 2 mit 72 Nullen!) Nachkommen und ein Gewicht von rund 20 Millionen Kilogramm: Beweis für die Stärke seines Wachstumstriebs.

Nur vereinzelt können Menschen diese Wachstumskraft imitieren, deren Resultat die Welt, unsere Erde, Pflanzen, Tiere und auch der Mensch sind.

Wenn wir Machtstreben mit dem Wachstumstrieb in Verbindung bringen, dann ist nicht zuerst an Macht im üblichen Sprachgebrauch gedacht, also an die Macht über die Polizei, das Militär und das Vermögen eines Bürgers, sondern auch über physikalische, chemische und biologische Phänomene schon in der anorganischen Natur, die Anziehung und Abstoßung, Anreicherung und Potenzierung von Kräften. Warum? Weil wir herausfinden wollen, warum Machtstreben alles Lebendige kennzeichnet. Hier zunächst einige Fakten:

○ Der Mensch besteht aus unvorstellbar vielen Molekülen, in denen Bindungen und Auflösungen stattfinden. Auch sein Gehirn besteht aus diesen Molekülen, und seine Psyche ist eine Funktion davon.
○ Der Lebenswille jeglicher Kreatur äußert sich in Abwehr von Gefahren und Widerstand gegen die gewaltsame Beendigung des Wachstumsprozesses.
○ Im menschlichen Zusammenleben nimmt Macht bestimmte Formen an:

  – »Das Glück der kleinsten Überlegenheit« (NIETZSCHE), wenn etwa das Kleinkind durch Schreien seinen Willen durchsetzt oder die nicht genügend beachtete Großmutter durch eine Unpäßlichkeit zum Mittelpunkt wird;
  – die Hackordnung zwischen dem »Despothuhn«, das ungestraft alle piesacken darf, und dem »Aschenputtel«, das von allen gehackt wird, aber niemanden hacken darf;

- die funktionelle Macht, die notwendige Macht, etwa des Kapitäns oder Karawanenführers, Lehrers, Schutzmanns oder Richters;
- die überschießende Macht, Macht als Selbstzweck – wer Macht hat, kann außer seinem Wachstumstrieb auch andere Triebe leichter befriedigen.

Kompensation kann eine Fortsetzung der bisher wenig erfolgreichen Machtpolitik mit anderen Mitteln sein. Mit Hilfe der Kompensation will man seine bisherige Machtposition halten oder aber ausbauen.

Der Bettler an der Straßenecke fühlt sich zwar nicht wirklich mächtig, er gewinnt aber Macht über einige Passanten, indem er bei ihnen ein schlechtes Gewissen erzeugt oder ihnen die Möglichkeit gibt, sich als gute Menschen zu fühlen: entweder mildtätig oder nach dem Motto »Herr, wie danke ich dir, daß ich nicht bin wie jener dort«.

Daß der Mensch das Begehrenswerte *oben* und das Verächtliche *unten* sieht, stammt wahrscheinlich aus der Zeit, da er lernte, sich aufzurichten. Aufrecht sah er weiter, der Größere sah besser über das Steppengras hinweg, der Allergrößte und meist auch Stärkste war oberste »Spitze«. Und der Stachel des Minderwertigkeitsgefühls ist der dauernde Zwang zum Größerwerden, zum Scheinwachsen oder zum Sich-Überstrecken. Damit war Hierarchie entstanden: die Großen oben und die Kleinen unten, die Guten im Himmel und die Bösen in der Hölle. Und natürlich herrscht auch im Himmel strengste Hierarchie.

Hier einige Beispiele zum Thema Wachstum:

○ Krankheit ist eine Unterbrechung des Wachstums, ein Stillstand;
○ Tod ist das Ende des Wachstums;
○ Askese ist freiwilliger Verzicht auf Wachstum;

○ Vergeistigung ist Sublimation des Wachstumstriebs ins Intellektuelle. Der »Gregorius vom Steine« des HARTMANN VON
AUE ist ein Ödipus des deutschen Mittelalters, der so lange
in vergeistigender Askese auf einem Felsen bleibt, bis es ihn
zu einem Zwerg zusammengezogen hat und der, nun gerei-
nigt, für das höchste Kirchenamt würdig geworden ist (nach-
erzählt von THOMAS MANN in »*Der Erwählte*«);

○ das Ende des Wachstums infolge eines Schicksalsschlags,
menschliche Intrigen oder einen verzeihlichen Fehler erschüttert uns in der Tragödie und reinigt uns durch die Katharsis;

○ das Ende des Wachstums durch eigene Tolpatschigkeit oder
überbordende Triebhaftigkeit amüsiert uns in der Farce oder
Komödie;

○ die durch Hinrichtung erwirkte Beendigung des Wachstums
wegen eines unverzeihlichen Vergehens entlockt noch immer unzähligen Menschen Jubel und Genugtuung;

○ die Verehrung des Alters ist der Respekt vor langem, gerad-
linigem Wachstum;

○ der Rückgang eines langen, integren Wachstums erweckt
Mitleid;

○ die große Beliebtheit des Alkohols und anderer Stimulanzien
liegt in dem Vermögen begründet, während eines leichten
Rausches ein ungeheures Wachstum zu erleben;

○ ähnlich wirken Geliebt- und Bewundertwerden.

Im Tier- wie im Menschenreich wird Macht erstrebt, um Macht
gekämpft – aufgrund des Wachstumstriebs. Dem Tier mit den
für die Erhaltung seiner Art, seiner Herde wertvollsten Genen
kommt jeweils nach langen Reibereien und Kämpfen die Macht
zu und meist auch die Möglichkeit zur bevorzugten Vermeh-
rung.

Fällt dieses beste Exemplar irgendeinem widrigen Schicksal
zum Opfer, tritt das zweitbeste an seine Stelle. Versucht ein we-

niger fähiges Tier das geeignetste zu verdrängen, wird es abserviert. Undenkbar, daß im Tierreich ein Schwächling oder Gernegroß an die Spitze einer Herde gelangte – aber keine Seltenheit in der Geschichte der Menschheit, vor allem in der Politik oder Industrie. Denn der Mensch hat als das listenreichste Tier die Maskerade erfunden: Das war nötig, weil es gerade das wachstumsgestörte Exemplar unter den Menschen am meisten an die Macht zieht. Ohne Leibwache, Dienstwagen und das Gerüst der Hierarchie wäre mancher Politiker oder Großindustrieller weiterhin das Nichts, das er vorher war.

3. Gruppenzugehörigkeit statt Kompensation

Mißlingt einem Individuum die persönliche Kompensation, kann ihm die Zugehörigkeit zu einer Gruppe den Leidensdruck der eigenen Unzulänglichkeit nehmen. Dieser Aufgabe dienten und dienen vor allem religiöse Sekten, politische Parteien, Geheimbünde und Vereine zur Förderung von irgend etwas. Entscheidend ist, daß sich die Mitglieder in diesem Verband selbst »strokes« geben können und von den anderen zusätzlich »strokes« erhalten.

Die Gruppe liefert, was dem einzelnen fehlt: Schutz, Wärme, Anerkennung, Partnerschaft. Als Gegenleistung akzeptiert das Mitglied die Gruppenideale und die Gruppenrituale.

In vielen Fällen bietet die Gruppe dem seelisch Verwaisten sogar noch einen Ersatzvater, weil er seinen eigenen nicht kennt oder nicht anerkennen mag. Hier nimmt sich ein älterer Freund seiner an und wird zum Ratgeber und Helfer. Charismatische Führer schwingen sich zur Vatergestalt der ganzen Gruppe auf und impfen ihr ideelle Werte ein, so daß sich der außerhalb dieses Verbandes unbedeutende Mensch als Hoffnungsträger und Missionar für eine gute Sache fühlt.

Und für Sublimation ist ebenfalls gesorgt; denn was nicht jedem gelingt, nämlich sich Ideale zu schaffen und sich damit selbst zu sublimieren, übernimmt die Gruppe, die sich um das Ideal eines Gründers geschart hat. Man kann gar nicht anders, als sich selbst zu schätzen, wenn man mit seinesgleichen für ein Ideal atmet, kämpft, weint und glüht. Ohne den Glauben an solche Ideale wäre für die meisten Menschen das Leben ohne Sinn, weil ihnen die intellektuelle Phantasie fehlt, ihrer eigenen Existenz einen Sinn zu geben.

Nationalstolz

Fast jeder vergißt bedrückende Gefühle der Bedeutungslosigkeit für die Zeit, in der er mit Landsleuten Siege feiert, etwa den Triumph seiner Nationalmannschaft über eine ausländische. Das Hissen der Landesfahne und das Schmettern der Nationalhymne weiten die Brust des Armseligsten. Denn er ist ein Teil jenes Volkes, das im Augenblick das »größte« ist. Jede Landsmännin und jeder Landsmann werden Schwester und Bruder.

Die Anfälligkeit für Nationalstolz ist einerseits der Kitt, der Menschen ähnlicher Abstammung zusammenhält, sorgt aber andererseits oft genug für völkische Überheblichkeit, Selbstidealisierung der Massen, Aggressionen, Streit und Krieg.

Wo Kriege nahezu unmöglich geworden sind, wie etwa innerhalb Westeuropas, sorgen internationale Sportwettkämpfe, Exportoffensiven oder auch Medienberichte über den niedrigeren Lebensstandard anderswo und Reisen ins Ausland mit der obligaten Kritik am Verhalten der »Eingeborenen« als Ventile für die Abreaktion des Bedürfnisses nach völkischer Selbstdarstellung und Dekoration.

Je weniger ein Individuum von sich selbst hält, desto stolzer ist es, einem bestimmten Volk anzugehören, natürlich dem seinen.

4. Konsumdenken: Kompensation für Leib und Seele

Macht- und Geldbesitz schaffen die Voraussetzung für die gleichzeitige Befriedigung mehrerer Triebe und verleihen somit geballte Zusatzkraft. Der kleine Mann, der zu Hause seinen Hunger stillt, wird zwar auch satt, aber mehr auch nicht. Speist er indes einmal mit Mächtigen und Reichen, wird sein Hochgenuß nicht etwa darin bestehen, daß Küchenchef und Kellermeister das Beste bieten, sondern daß er unter berühmten Leuten sitzt, daß Presse und Fernsehen davon berichten, die Kellner flitzen, ein Protokollchef den reibungslosen Verlauf garantiert, die Polizei An- und Abfahrt organisiert und einem die vielen »lästigen« Gaffer vom Leibe hält.

Was für einen Wissenschaftler der Nobelpreis oder für einen Sportler eine Olympiamedaille ist, das ist für den kleinen Mann sein *Prestigebesitz.* Prestigebesitz verhilft ihm meist nicht nur zu mehr Bequemlichkeit, sondern auch zu höherem Ansehen.

Prestigebesitz ist aber relativ: Wer als Tourist in einem südamerikanischen Armenviertel aus einem Luxusbus steigt, trägt unsichtbar Prestigebesitz mit sich, selbst wenn er nur ein Polohemd, eine kurze Hose und ein Paar Sandalen anhat, denn die Einheimischen vermuten, daß er zu Hause in einer Villa mit mehreren Garagen wohnt. Vor einigen Jahrzehnten gehörte ein Badezimmer oder eine thermostatisch geregelte Ölheizung für die Mehrzahl der Bevölkerung auch in Industriestaaten zum bewunderten und beneideten Prestigebesitz; heute ist es der Swimmingpool im Haus oder der Tennisplatz im Garten. Und all die dringend erforderlichen Innovationen! Dabei heißt Innovieren vielmals nichts anders, als etwas noch Brauchbares wegzuwerfen, um etwas Überflüssiges einzuführen – mit dem erklärten Ziel, die Umsätze zu steigern.

Die gesamte Werbebranche ist darauf abgestellt, uns einzureden, daß Besitz auszeichnet, die Nachbarn neidisch werden läßt, den Männern Frauen in die Arme treibt und den Frauen Männer. Auf welchen fruchtbaren Boden diese primitiven Strategien fallen, zeigt die immer schnellere und umfassendere Modernisierung unserer Kleidung, Möbel, Autos, Eß- und Trinkgewohnheiten, unseres Schmuckbedürfnisses des Heims und des Körpers, welches schon bei Teenagern anzutreffen ist.

Welche große Bedeutung dem Prestigebesitz zukommt, kann man nirgends besser beobachten als bei leitenden Angestellten, wenn es um Firmenwagen, Büroausstattung, Bürogröße, Anzahl der Fenster, Spesen und so weiter geht. HARALD GENEENS These, daß Alkoholismus und Machtkämpfe in den Chefetagen auf tiefe Minderwertigkeitskomplexe zurückzuführen sind, wird hier erneut bestätigt.

Die fünf Gefahren des Konsumrausches

1. Neben der Überbevölkerung der Erde ist Konsumdenken die wesentlichste Ursache für die Umweltzerstörung.
2. Konsumdenken ist keine geglückte Kompensation eines Minderwertigkeitsgefühls, sondern nur eine Scheinlösung: Nach einer kurzen Freude am neuen Produkt gewöhnt man sich so daran, daß es zur Selbstverständlichkeit geworden ist.

Was wir vorher nicht vermißten, ist nun zur Gewohnheit geworden, ohne die uns etwas Wesentliches fehlen würde. Trotzdem fühlen wir uns unserer Selbstverwirklichung nicht näher.

3. Das beglückende Gefühl der Selbstverwirklichung tritt erst nach einer geglückten Kompensation ein. Wer alle Reichtümer dieser Erde besitzt, kann trotzdem an einem tiefen Minderwertigkeitskomplex leiden: Die Geschichte ist übervoll an Beispielen dafür, daß einer alles besitzt, »an seiner Seele aber Schaden leidet«. Die Sucht nach Konsum kann einen Menschen so sehr beschäftigen und von seinen eigentlichen geistig-seelischen Bedürfnissen so stark ablenken, daß ihm keine Energien mehr für den Versuch einer geglückten Kompensation verbleiben.

4. Die Abhängigkeit von der persönlichen Aufwertung durch Materielles kann zum Sinn (eigentlich Unsinn) des Lebens werden: zur Jagd nach einem Phantom, das sich uns bei jedem Zugriff entzieht.

5. Was wir heute Fortschritt nennen, ist zur Massenneurose geworden: Jeder spekuliert darauf, im anderen einen neuen Bedürftigen zu schaffen, um ihn zu einer neuen Abhängigkeit zu zwingen. Der ideale Konsument ist der Süchtige.

FÜNFTER
TEIL
Übungen

1. Der Leidensdruck

Bei starken Zahnschmerzen geht selbst jener zum Zahnarzt, der sonst keine Zeit für seine Zähne hat. Allzuoft ist erst ein großer Leidensdruck der Auslöser für Maßnahmen, die schon viel früher – und dann meist mit mehr Erfolg – hätten ergriffen werden müssen. Wie wir Menschen nun einmal sind, müssen wir immer wieder an bestimmte Aufgaben erinnert werden, deren Erfüllung nicht mit großem Genuß belohnt wird, wie dies zum Beispiel der Fall ist bei Essen, Trinken, Schlafen, Lesen für Leseratten, Fernsehen für Fernsehsüchtige, Tanzen für Tanzwütige und Herumtollen für Kinder.

Mehrere seriös durchgeführte Untersuchungen beweisen: Neurotiker verdienen mehr. In der Regel bedarf es der Schubkraft einer Neurose, die einen rund um die Uhr quält, um mit Hilfe der Zusatzkraft Macht an »glänzende« Positionen zu gelangen. Diese Stellungen umhüllen den im Grunde Mattfarbigen mit dem von ihm so ersehnten Strahlenkranz und bringen ihm weitere Vorteile. Wer eine solche Position innehat, kann nicht an der Heilung von seiner Neurose interessiert sein.

Wer glaubt, er müsse »wie eine Fackel verbrennen, um sein Jahrhundert zu erleuchten«, darf unter keinen Umständen etwas gegen seine Krankheit unternehmen. Als Gesunder wäre er wahrscheinlich für die Menschheit viel nützlicher – aber auch weniger interessant. Für wieviel Abwechslung haben doch die großen Neurotiker des 20. Jahrhunderts gesorgt, wie viele Millionen Menschen jubelten ihnen zu: THEODORE ROOSEVELT, Kaiser WILHELM II., LENIN, STALIN, CHURCHILL, MUSSOLINI, MAO, FRANCO, von HITLER gar nicht zu sprechen.

»Ich gebe, damit du gibst«

Die Römer faßten eine ungemein wichtige Lebensweisheit in die drei Wörtchen zusammen: »Do ut des« – »Ich gebe, damit du gibst.«

Vor Mathematikprüfungen habe ich mich als Gymnasiast zum Beispiel von einem rechenstarken Mitschüler vorbereiten lassen und mich dafür mit Lateinunterricht revanchiert. Ein anderes Beispiel: Ein sehr kreativer leitender Angestellter, ein eher flotter als genauer Arbeiter, will sich für einen Assistenten entscheiden, der vom Typus her überhaupt nicht zu ihm paßt. Die Kollegen raten dringend ab: »Mit dem Langweiler werden Sie nie auskommen.« Er nimmt ihn trotzdem. Der Chef ist ein Mann voller Ideen, hat aber nicht das nötige »Sitzfleisch«, sie auszuarbeiten. Das wiederum ist die Stärke des »Langweilers«. Zudem macht es diesem Freude, seinen Chef auf Flüchtigkeitsfehler hinzuweisen, und der ist galant genug, dann immer wieder zu sagen: »Wenn die Firma Sie nicht hätte, wär' sie schon lange pleite gegangen – durch mich.«

2. Die Leiter zu Ihrem Erfolg

Beantworten Sie sich folgende vier Fragen, besser noch: Philosophieren Sie ausgiebig darüber und machen Sie sich Notizen.

1. Was kann ich besser als andere in vergleichbarer Situation? (Erste Stufe auf der Erfolgsleiter)
2. Tue ich das gern? (Zweite Stufe)
3. Wer braucht das? (Dritte Stufe)
4. Wie lasse ich es die Leute wissen, die mein Spezialkönnen benötigen? (Vierte Stufe)

Nun gibt es nur wenige Menschen mit überragenden Spezialbegabungen; aber auch die Kombination von einigen vermeintlich banalen Fähigkeiten kann zu einer seltenen Gabe werden. Da ist zum Beispiel jemand Masseur. Masseure gibt es *en masse*. Unser Masseur interessiert sich für Fußball, versteht etwas davon. Er hat sich mit Entspannungstechniken beschäftigt und besitzt eine sehr ruhige, angenehme, fast hypnotisch wirkende Stimme. Jede dieser Fähigkeiten ist nichts Aufregendes, aber in dieser Kombination selten, wenn nicht sogar einmalig. Wozu eignet sich dieser Masseur besonders? Zur Betreuung von Fußballspielern, die er während der Massage im Sinn des Trainers auch mental beeinflußt, sozusagen in ihr Unterbewußtes

Botschaften einschleust, die dann beim Spiel auch unbewußt motivierend wirken und Erfolg bringen. Für diesen Könner gibt jeder finanzkräftige Verein gern Geld aus.

Wer bestimmte Fähigkeiten gern ausübt, wird sie immer wieder üben und somit darin besser werden. Er wird jede Gelegenheit zur Fortbildung wahrnehmen, Fachpublikationen lesen, Seminare oder Symposien besuchen und mit Kollegen diskutieren.

Einer meiner Verwandten besitzt eine kleine Landwirtschaft in der Nähe einer Universitätsstadt. Die Einnahmen waren so gering, daß er entweder kompensieren oder verhungern mußte. Er kompensierte: Er lernte ein halbes Jahr in einer Baumschule, bewarb sich dann um einen Halbtagsjob in der Gärtnerei der Universität und versorgte den Rest des Tages auf dem Bauernhof seine biologisch ernährten Enten, Gänse, Truthähne, die er an die Universitätsprofessoren und Assistenten verkaufte. Er hat sich aus der Not des Landwirts mit Zusatzausbildung zum Geflügelproduzenten und Händler kompensiert.

Sollten Sie anhand der vier Fragen die Stufenleiter zum Erfolg für sich selbst durchdenken, seien Sie nicht kleinlich. Notieren Sie sich alle Ihre Fähigkeiten und Ihre Interessen, etwa: »Schreibmaschinenschreiben, Segelprüfung, Hobbykoch, Skilehrer, hauptberuflich (gelangweilter) Programmierer«. Das war die Ausgangslage eines Bekannten. Beim Segeln in Spanien lernte er eine Spanierin kennen, machte einige weitere Segelprüfungen und ist jetzt der glückliche Besitzer einer Segelschule mit Unterkunft und Restaurant in Spanien. Bei der Finanzierung griff der spanische Schwiegervater kompensatorisch ein, beim Kontakt mit Behörden die hübsche Ehefrau.

Die Selbstanalyse

Selbstanalyse ist eine uralte Angelegenheit: Schon HIPPOKRA-
TES sprach von Seelenanalyse, und der heilige AUGUSTIN beschrieb uns, wie er's gemacht hat. Selbstanalyse kann reiner, zu
nichts verpflichtender Spaß sein, so etwa wenn man nach dem
Durchblättern eines Buches über Graphologie ein wenig an
seiner eigenen Handschrift heruminterpretiert. Wir stellen uns
hier ganz andere Fragen:

○ Warum tue ich immer wieder etwas, was ich nicht tun will?
○ Warum bin ich manchmal mein eigener Feind?
○ Warum tue ich oft Überflüssiges, Banales und nicht das, was
   ich mir fest vorgenommen habe?
○ Warum tue ich manches suchthaft, das heißt ohne offen-
   sichtlichen Grund und gegen den Willen meines Verstandes?

Selbstanalyse ist für uns Übergang von der Defensive zur Of-
fensive. Ich habe es immer wieder ertragen, daß ich Dinge tat,
die ich nicht tun wollte, habe mich darüber geärgert und sie
dann bei nächster Gelegenheit doch wieder getan. Ich habe dieses ewige Ertragen nun satt. Ich gehe jetzt vor gegen diese Instanz, die mich zum Spielball ihrer Launen macht.

Da ich nicht weiß, warum ich von unbegründeten Ängsten
geplagt werde, schlecht schlafe, immer wieder der Geltungssucht anheimfalle, gleich hinterher aber – unbegründbar – klein
beigebe, muß dieser Störenfried in meinem Unbewußten
sein, an einem meinem Verstand unbekannten Ort. Also muß
ich lernen, in diesen unbekannten Ort einzudringen, meinen
Störenfried zu erkennen und ihn zu entmachten. Dann werde
ich auch aufhören können, mich immer wieder auf meinen
empfindlichen Magen, auf meine schwachen Nerven, den Streß
des Lebens und auf mein ramponiertes Herz hinauszureden.

Und wenn ich dann meinen Störenfried erledigt habe, will ich nicht mehr über das Schlechte in der Vergangenheit nachdenken, sondern mich nur noch des Guten freudig entsinnen. Ich will dann bloß noch in der Gegenwart leben und gelegentlich für die Zukunft planen.

Woran denke ich gern zurück?

Notieren Sie sich zehn Ereignisse, in denen Sie sich glücklich fühlten, weil Sie etwas Bestimmtes getan hatten. Ersparen Sie aber Ihrer philosophischen Ader, darüber nachzudenken, was Glück ist und ob man überhaupt glücklich zu sein vermag. Es genügt, wenn Ihre Notizen etwa so aussehen:

»Max kauft mir ein Aquarell ab – endlich Anerkennung von einem Fachmann.«

»Einzug in die neue Wohnung – Erfüllung eines alten Wunsches: großzügige Räume.«

»Beförderung zum Abteilungsleiter – endlich Anerkennung meines Einsatzes.«

Woran denke ich sehr ungern zurück?

Notieren Sie sich jetzt zehn Ereignisse, bei denen Sie sich sehr unglücklich gefühlt haben und an die Sie nur mit Widerwillen denken, an deren Zustandekommen Sie aber aktiv beigetragen haben. Beispiele:

»Streit mit Ilse – ich war indiskret.«

»Mußte mich bei Max entschuldigen – ich war zu forsch.«

»Beinahe-Unfall mit dem Auto – ich war unaufmerksam.«

Auswertung

Ihre positiven Erinnerungen werden sich fast alle auf einen gemeinsamen Nenner bringen lassen, beispielsweise: »Ich habe Anerkennung gefunden.« Fragen Sie sich nun: Von wem kam die Anerkennung? Von Menschen, denen es schwerfällt, Anerkennung auszusprechen? Wenn ja, allen oder nur Ihnen gegenüber? Warum Ihnen gegenüber? Vielleicht halten sie Sie für arrogant oder einen Angeber? Warum könnten sie Sie für einen Angeber halten? ... Bohren Sie in diesem Sinne weiter, bis Sie glauben, Ihr eigentliches Problem entdeckt zu haben. Vielleicht besprechen Sie diese Aufgabe auch mit einem klugen Menschen Ihres Vertrauens, der Ihnen nicht sehr nahestehen sollte, denn: Körperlich entblößt man sich zwar leichter vor Freunden, seelisch jedoch lieber vor Fremden.

Verfahren Sie so auch mit Ihren unangenehmen Erinnerungen und hören Sie nicht auf, bevor Sie mehr oder weniger die Gründe dafür auf eine einzige Ursache zurückgeführt haben. Sie werden dann feststellen:

Die Gründe für die guten wie für die schlechten Erinnerungen sind meist die gleichen. Fand das dominierende Bedürfnis Befriedigung, herrschten Zufriedenheit und vielleicht sogar Glück vor; wurde es aber frustriert, erfolgten (unbewußt) Maßnahmen, um sich die Befriedigung des Bedürfnisses zu erzwingen. Ging das schief, entstanden peinliche Situationen.

Fragen zur Selbstanalyse

Es genügt, wenn Sie über die folgenden Fragen nachdenken, sie beantworten und dann erst meinen Kommentar zu der jeweiligen Frage lesen.

1. Trifft mich Kritik hart?
2. Rege ich mich leicht auf?
3. Stehe ich gern im Mittelpunkt?
4. Denke ich oft darüber nach, was wohl die anderen von mir halten?
5. Bin ich ein Einzelgänger? Verschließe ich mich vor anderen?
6. Bin ich intolerant, ein Besserwisser, ein Belehrer?

Zu Frage 1: In fast jeder Kritik steckt ein konstruktives Element, über das ich nachdenken, aber mich nicht ärgern sollte. Mit Hilfe der Kritik stellt der Kritiker sein Ego dar, liefert mir insgesamt seine Selbstdarstellung. Fragen Sie sich also: Vielleicht ist seine Kritik nur Ausdruck seines Geltungsstrebens, seiner Eitelkeiten? Protestiert meine Eitelkeit gegen seine? Ist meine Selbstsicherheit so schwach, daß sie selbst von unberechtigter Kritik leicht umgeworfen werden kann?

Zu Frage 2: Menschen mit geringem Selbstwertgefühl und Mangel an Selbstvertrauen regen sich leicht auf (was sie selbst gern mit »Temperament« verwechseln). Sie sollten sich fragen: Will ich den anderen zeigen, daß ich auch wer bin? Will ich mir's selbst beweisen? Als Kind brach ich in Tränen aus, wenn ich mich zur Seite geschoben fühlte. Ist jetzt Zorn oder Wut die Reaktion auf zu geringe Anerkennung?

Zu Frage 3: Weiterführende Fragen könnten lauten: Mache ich auf mich aufmerksam mit besonderer Liebenswürdigkeit/Liebedienerei oder mit Fragen/Zweifeln/Herabsetzung/Witzen/Ironie/Aggressionen/Ausführungen, die nicht zur Sache gehören? Spiele ich den Geheimnisvollen, den Edlen, den Leidenden, den Enttäuschten? Der Selbstsichere hat es nicht nötig, im Mittelpunkt zu stehen.

Zu Frage 4: Der Unsichere kommt nicht von der Frage los, wie er auf andere wirkt. Im Grunde quält ihn dauernd die Ungewißheit, wieviel Bedeutung ihm die anderen einräumen. So wenig wie er sich selbst? Was macht er zu seiner Imagepflege? Er könnte einen vertrauten Menschen von Verstand fragen, ob er etwas Kontraproduktives an sich hat. Nur ein Beispiel: Mit dem Ziel, sich »lässig« zu bewegen, verkrampft sich mancher bis zur Lächerlichkeit.

Zu Frage 5: Einzelgänger wurden oft schon als Kinder von Gleichaltrigen ferngehalten, weil sie »etwas Besonderes« sein oder werden sollten, manchmal, weil sie als zu schwach für ihr gar so rauhes Umfeld galten. Fragen Sie sich: Akzeptiere ich, daß ich – bei allen kleinen Unterschieden – wie andere Menschen bin? Ist mein Einzelgängertum Ausdruck von Überlegenheit oder Berührungsangst oder einer anderen Art der Angst? Warte ich darauf, daß die anderen auf mich zugehen, weil ich es nicht nötig habe, auf sie zuzugehen? Oder befürchte ich, sie könnten das Gefühl haben, ich würde mich aufdrängen? Bin ich vielleicht stolz darauf, ein Einzelgänger zu sein?

Zu Frage 6: Die Neigung zu Dogmatismus (der Glaube, im Besitz der einzigen Wahrheit zu sein) läßt auf ein wackeliges Selbstvertrauen zumindest in den dogmatisierten Bereichen schließen. Der Selbstsichere hat keine Angst vor geistigen Herausforderungen.

Die Bejahung einer oder mehrere Fragen kann Sie zu der Quelle Ihrer Schwierigkeiten führen. Fassen Sie Ihr Fazit aus diesem Test also etwa so zusammen: »Eine meiner Schwierigkeiten könnte begründet sein in ...«

3. Ihre Triebkräfte – ein Test

Eine Persönlichkeit wird nur richtig verstanden, wenn ihre Triebkräfte bekannt sind. Deshalb wird Ihnen der nächste Fragebogen weiteren Einblick in die Dynamik Ihrer Persönlichkeit geben.

1. Haben Sie ein starkes Bedürfnis, Ihr Leben in sehr engen Grenzen zu führen? Wollen Sie immer bescheiden sein? Mit wenigem zufrieden? Haben Sie keinen Ehrgeiz? Vermeiden Sie es stets, aufzufallen? Verzichten Sie mitunter auf Rechte?
2. Brauchen Sie einen Partner/eine Partnerin, um durch dieses Leben geführt zu werden? Wollen Sie nichts zu tun haben mit der Organisation Ihrer eigenen Existenz? Ist es für Sie angenehmer, wenn Ihnen alle Verantwortung abgenommen wird?
3. Trifft folgende Aussage auf Sie zu? »Mir genügt ein einziger Mensch, dem ich gefalle und der mich liebt. Für den könnte ich alles tun, um ihn mir zu erhalten.«
4. Ist es für Sie zweckmäßig, Ihr Leben wie ein vernünftiger Kapitän sein Schiff zu steuern – mit Voraussicht und Vernunft, mit Intelligenz und Erfahrung? Meinen Sie, Emotionen bringen meistens alles durcheinander? Nach dem Motto: »Der Dumme probiert herum, der Kluge lernt von den Fehlern des Dummen.«

5. Sind Sie der Auffassung, man werde erst souverän und un-
   angreifbar, wenn man perfekt ist? Wäre es nicht wert, auch
   Mühen auf sich zu nehmen, um Perfektion zu erreichen?
6. Beherrschen Sie Gedanken wie die folgenden? »Was nutzen alle guten Vorsätze, wenn man sie nicht mit starkem
   Willen durchsetzen kann? Erst so erreicht man Macht über
   sich und kann sich die anderen vom Leibe halten.«
7. Gibt es für Sie nichts Schöneres, als unabhängig und selb-
   ständig zu sein? Sich mit niemandem herumbalgen zu müssen, niemanden zu brauchen, keinem Einfluß ausgesetzt zu
   sein?
8. Oder ist es für Sie das Schönste, mit Menschen zusam-
   menzukommen, die Sie mögen, anerkennen, ja sogar be-
   wundern? Wollen Sie geschätzt werden wegen Ihres We-
   sens, Ihres Wissens und nicht wegen Ihres materiellen Be-
   sitzes?
9. Sind Sie stolz auf Ihre Besitztümer? Stimmen Sie dem zu:
   »Die Amerikaner wissen schon, warum die Tüchtigen sagen, wieviel sie verdienen: Wer viel verdient, wer viel hat,
   der taugt auch viel«?
10. Halten Sie es mit der ehrwürdigen olympischen Tradition:
    immer weiter, immer höher, immer schneller? Man müsse
    auf dem einen oder anderen Gebiet der erste, der Beste sein,
    denn wie könne man sonst Respekt vor sich haben, Respekt
    von seinen Kindern, dem Partner, der Partnerin verlangen?
11. Denken Sie manchmal: »Was wäre eine Herde ohne Füh-
    rer? Die Menschen brauchen einen Führer, der ihnen not-
    falls die Hammelbeine langzieht, damit sie spuren«?
12. Der spanische Caballero sagt: »Der Schlaue lebt vom Dum-
    men, und der Dumme lebt von der Arbeit.« Stimmen Sie
    dem zu? Nach dem Motto: »Ich habe ja nichts gegen die
    Arbeit, aber die Dummheit der anderen ist ein wahres Got-
    tesgeschenk. Man muß sie ganz einfach ausnutzen.«

Vielleicht denken Sie sich nun: In fast jedem dieser zwölf »Porträts« kommt die eine oder andere recht vernünftige Lebensphilosophie vor, so daß es mir schwerfällt, mich für eine zu entscheiden. Ihretwegen muß ich Sie aber bitten, jene zu wählen, die Ihrer Grundeinstellung am nächsten kommt. Sie sollten sich für eines oder höchstens zwei der zwölf Porträts entschieden haben, bevor Sie weiterlesen, denn sonst laufen Sie Gefahr, sich von den Kommentaren beeinflussen zu lassen, was den ganzen Test für Sie wertlos machen könnte.

Kommentare zu den einzelnen Fragen

1. Die Person hinter diesem Porträt ist die »graue Maus«. Sie setzt die eigenen Fähigkeiten herab und frißt alles, so sie nur satt wird. Sie spürt, daß sie am besten abschneidet, wenn sie sich nichts zutraut. Vielleicht wurde ihr in der frühen Kindheit oder durch ein späteres Schockerlebnis die Sehnsucht nach der Weite, der Entfaltung versauert. Sie ist für niemanden ein Problem – außer vielleicht für sich.

2. Hier dominiert die Abhängigkeit von einem Partner, der alle Erwartungen erfüllt. Wird von diesem die Angst vor dem Alleinsein oder dem Verlassenwerden mißbraucht, entsteht eine unterwürfige Abhängigkeit. Im Grunde ist dieser Mensch noch nicht von der Mutter abgenabelt und läßt sich vom Mutterersatz beherrschen.

3. Ein solcher Mensch geht in dem jeweiligen Partner so auf, daß er alles akzeptiert, was dieser will, vorschlägt, für gut erklärt. Das ist die wahre, bis zur Hörigkeit gehende Abhängigkeit, ohne daß sich aber der/die Hörige dessen bewußt wird.

4. Der vernünftige, vorausschauende, vorsichtige Mensch hat meist Angst vor der Macht seiner emotionalen Kräfte, seiner

Empfindungen und Gefühle. Vielleicht spürt er unbewußt, daß er dagegen einen Damm errichten muß, damit sie ihn nicht mit sich fortspülen. Dann fühlt er sich jenen überlegen, die aus dem Bauch empfinden, entscheiden und deswegen manchmal Mißerfolge einfahren. Im Grunde fürchtet er sich vor den Forderungen seines Es, diesem stets jugendlichen, manchmal ungestümen, meist aber kreativen Kraftquell. Die Überbetonung der Vernunft, des Über-Ichs oder des rein sachlichen Ichs führt unweigerlich zur Zerstörung der Phantasie und der kindlichen Neugier. Dieser Mensch altert vor seiner Zeit und wird im schlimmsten Fall zu einer lebenden Mumie.

5. Da der Mensch nicht auf Perfektion angelegt ist, kann es nicht ausbleiben, daß er Fehler macht. Zunächst wird er darüber nachsinnen, wie er es anstellt, keine Fehler zu machen, und wenn ihm dann Unzulänglichkeiten unterlaufen, bleiben ihm handfeste Selbstbeschuldigungen nicht erspart. Nun leidet er nicht nur an den Folgen der Fehler, sondern auch an seinem angekratzten Selbstwertgefühl. Oft ist er in seine Perfektion so sehr verliebt, daß er sich die Blöße des Fehlbaren ersparen will, Sündenböcke sucht, zu Verdrehungen greift und notwendige Maßnahmen zur Abstellung des Fehlers unterläßt.

Die Geschichte von Firmen, Gemeinden und Staaten ist voll von den Dummheiten der Perfektionisten, die sich trotz neuerer, besserer Einsicht weigern, B zu sagen, weil sie einmal A als einzig richtig verkündet haben. Dieses »Konsequenzbedürfnis« zählt zu den vielen menschlichen Dummheiten. Daß sie nicht aufgegeben wird, liegt nicht zuletzt daran, daß ein konsequenter Mensch als Vorbild an Willenskraft und Charakter hingestellt wird.

6. Den Willensmenschen gibt es eigentlich gar nicht. Sie glauben es nicht? Beweisen Sie es sich. Denken Sie jetzt bitte an

alles mögliche, nur denken Sie 30 Sekunden lang *nicht* an Ihre Mutter. Nun? Wenn Sie heute noch nicht an Ihre liebe Mutter gedacht haben, werden Sie jetzt, da Sie nicht an sie denken wollten, 30 Sekunden lang an sie gedacht haben. Trotz Ihres Willens.

Niemand entwickelt soviel »Willenskraft« wie ein süchtiger Mensch. Er hat zwar nicht genug Willenskraft, um von seiner verdammten Sucht loszukommen, bringt aber jede Menge an »Willenskraft« auf, um sie zu befriedigen: der Geltungssüchtige, der Rauschsüchtige, der Rachsüchtige, der Eifersüchtige, der Machtsüchtige und so weiter. Wer an die magische Macht des Willens glaubt, fühlt sich stark, indem er irgeindeinen seiner Triebe oder Wünsche als »Willenskraft« maskiert.

7. Hier ist jene Person beschrieben, die Angst vor Bindung hat, weil sie sich sonst gefesselt fühlen würde. Wer sich mit anderen nicht einläßt, muß sich auch nicht um diese kümmern. Wenn ich nichts von den Problemen meiner Nächsten weiß, brauche ich nicht auf Abhilfe zu sinnen. Distanz gibt solchen Menschen Sicherheit, was nicht daran hindert, als Dichter am Schreibpult von vertrauter Liebe und Hingabe zu schwärmen. Wie etwa GOETHE: Seine oft abstoßende Kälte oder »Würde« war ein Mechanismus, um allein die Entwicklung seiner Persönlichkeit (»das größte Glück der Erdenkinder«) zu pflegen und sich nicht von anderen Menschen ablenken zu lassen. Sein Psychoanalytiker EISSLER sah in Goethes Angst vor körperlichen Beziehungen mit hochgestellten Frauen die Furcht vor Bindungen, die ihn hätten unterwerfen können.

8. Der Mensch, dessen großes Ziel die Bewunderung seines Selbstbildes ist, riecht förmlich nach Narzißmus. Bleibt die Bewunderung aus, kann er sich gedemütigt fühlen. Eine große Liebe kann wahnhafte Illusionen über das geliebte Objekt auslösen, eine narzißtische Liebe eben zu sich selbst. Der

Narziß will im Zweifelsfall in erster Linie vor sich selbst, seinem Idealbild, gut abschneiden und dann erst vor seinen Mitmenschen.

9. Der Prestigesüchtige taxiert alles nur nach dem Wert, Bewunderung erzeugen zu können. Er tut Gutes, aber nur, wenn er darüber reden kann. Er ist wehrlos der Meinung seiner Umwelt über ihn ausgeliefert. Am liebsten stünde er täglich in der Zeitung, und wäre es auch nur wegen einer Tollerei in der Schickeria. Er kann ohne persönliche Beteiligung liebenswürdig und höflich sein, weil er weiß, daß er dann auffällt. Er kann Ihnen aber genausogut mit großem Spaß die Vorfahrt nehmen, Sie an den Straßenrand drängen, weil er Ihnen dann auch auffällt.

10. Während der Prestigesüchtige anderen imponieren will, möchte der stark Leistungsorientierte zunächst einmal sich selbst imponieren. Der Narziß strebt nach der Verwirklichung seines Idealbildes von sich, der Leistungsorientierte richtet sich nach einer Zahl: der Eins. Er will der Erste im Sport/im Verkauf/beim Taubenzüchten/bei einer Prüfung sein. Daß so etwas dann auch anderen imponiert, ist freilich nicht von Nachteil.

Leistung bringt Sicherheit, Sichgehenlassen mindert das Selbstwertgefühl. In untrainierter Verfassung ist man schwach und kann zu den Versagern gezählt werden.

Die starke Betonung der Leistung, zum Beispiel des Workaholics, mag aber auch eine Flucht vor sich selbst sein. Man denkt bei der Arbeit, beim Training, beim Wettkampf nicht über sich und seine seelisch-geistigen Zustände nach. Man ist abgelenkt und hinterher stolz erschöpft, also wiederum nicht in der richtigen Stimmung, um über sich selbst zu philosophieren ...

11. Für den Machtsüchtigen können Aufgaben und Verantwortung eine Rolle spielen, sie sind aber nicht die treibende

Energie. Er braucht die Zusatzkraft der Macht – aus Angst
vor seiner eigenen Schwäche.

Der Machtstreber verdrängt Traurigkeit und, wenn möglich, auch Furcht. Dann braucht er keinen Trost, keinen
Schutz, kann sich ein Image der Unabhängigkeit, des Mu-
tes und der Stärke aufbauen. Eine große Gefahr für den
Machtsüchtigen: Macht bläht das Image auf, aber nicht das
Selbst. Er bleibt das kleine Würstchen von einst, nur jetzt
im Kaisermantel, zumindest im Dunkelblauen des Präsidenten oder Ministers.

Der Mächtige muß Abstand wahren, sonst könnte der – ab-
solut »irrige« – Eindruck entstehen, er benötige jemanden.
Dies würde ihn auch an seine frühkindliche Abhängigkeit
erinnern. Er verteilt Gnaden nur, um Gegenleistungen fordern zu können.

12. Der Sozialschmarotzer bewertet andere nach ihrer Brauch-
barkeit; er ist Ideenklauer, Schacherer, Erpresser, Angstma-
cher, Gefühlsegoist und Meister im Erregen von Mitgefühl.
Bei solchen Individuen blieb die Entwicklung eines Über-
Ichs gänzlich aus.

Suchthafte Bestrebungen

Sicherlich haben Sie in den meisten der zwölf beschriebenen
Profile Einstellungen gefunden, die nicht nur völlig normal,
sondern auch empfehlenswert sind. Stünde es nicht besser um
die Welt, gäbe es mehr Bescheidenheit, mehr vernünftige Be-
stimmung unserer Existenz, klarere Führerschaft zum Wohl der
Geführten? Warum dann – nochmals gefragt – dieser Test?

○ Um frei zu werden von inneren Zwängen: Jedem der zwölf
beschriebenen Profile liegt ein innerer Zwang des Unbe-

wußten zugrunde; um außerdem frei zu werden von äußeren Gruppenzwängen (»man muß«, »man soll«, »ein anstän-
diger Mensch ist verpflichtet zu ...«), also von starken Di-
rektiven des Über-Ichs.

Die Dominanz von inneren und äußeren Zwängen verlangt
Unterwerfung unter Normen, die uns oft unnötig einengen,
unsere Zufriedenheit (das Wort »Glück« sollen wir lieber den
Poeten überlassen), unsere Selbstverwirklichung und unsere
Kreativität bedrohen – ohne daß wir dies immer erkennen.
Zwänge aber deuten stets auf eine Neurose hin.

○ Auch wenn eine Neurose keinen Leidensdruck erzeugt, bleibt
sie trotzdem Neurose. An anderer Stelle wurde bereits darauf hingewiesen, daß unter dem Gesichtspunkt der Karriere
eine Neurose sehr nützlich sein kann; sie bleibt trotzdem
Neurose – eine Störung, die weitere Störungen verursacht.

○ Bei allen zwölf Profilen liegen Sublimationen vor: Es werden
sehr gut klingende Gründe für fragwürdige Motive angegeben. So kann sich hinter dem Wunsch nach tiefer Zuneigung
ein Schutzbedürfnis verstecken, der Schutzbedürftige aber
nur eine magere Gegenliebe bieten: aus schwacher Liebes-
fähigkeit oder aber auch aus Überschätzung seiner Liebe.
Jemand nennt sich »zeitökonomisch« und vermeidet Be-
sprechungen und Einladungen, weil dort doch nur »dum-
mes Zeug« besprochen würde: In Wirklichkeit ist er kon-
taktscheu. Oder jemand sagt, er sei zu schüchtern, um
zu tanzen – der eigentliche Grund liegt aber in seiner Eitelkeit: der Angst, beim Tanzen nicht die allerbeste Figur zu
machen.

○ Neurotische Bestrebungen kommen nicht nur vereinzelt vor,
sondern oft kombiniert. Jemand ist so bescheiden, daß er
sich nie aufdrängt und mit dem einfachsten zufrieden ist,
unterwirft sich aber sehr leicht einem energisch auftretenden
Machtanspruch. Der Unabhängige, der Distanz über alles

schätzt, vertraut auf seine »coole« Vernunft, überschätzt den eigenen Scharfsinn und kommt sich am Ende den meisten überlegen vor – schließlich wird er nicht wegen seiner »Unabhängigkeit« abgelehnt, sondern die Geringschätzung der anderen macht ihn mißliebig.

○ Je mehr wir von der Richtigkeit unsere Bestrebungen überzeugt sind, desto mehr Widerstand leisten wir gegen das Erkennen einer neurotischen Tendenz dahinter. Diese psychologische Dummheit pflegt zu Fehleinschätzungen zu führen. So ist der Prestigeabhängige so sehr vom Prestige gebannt, daß er sich einem anderen freiwillig unterwirft, der ihn an Prestige übertrifft.

Habe ich eine oder zwei für mein Verhalten und Fühlen entscheidende Triebkräfte entdeckt, beginnt die Suche nach dem Grund, warum eine bestimmte Bestrebung von mir »angezogen« wird, also warum ich sie mir unbewußt zugelegt habe.

Ein Beispiel: Eine Frau hat erkannt, daß ihr Anerkennung sehr viel bedeutet, selbst die Anerkennung von wildfremden Leuten, mit denen sie im Eisenbahnabteil oder im Flugzeug ins Gespräch kommt. Ist sie wieder allein, muß sie feststellen, daß sie sich positiver dargestellt hat, als es der Wahrheit entspricht. Zwar erwähnte sie auch einige kleine Niederlagen, aber ... Und nun beginnt das Fragen:

Warum erwähnte ich die kleinen Niederlagen? – Aus Wahrheitsliebe. Nur aus Wahrheitsliebe? – Nein, aus einer Mischung: Ich wollte Schwächen zugestehen, damit meine angegebenen Positiva nicht nach Eitelkeit riechen, aber auch, damit ich als ehrlich erscheine. – Warum wollte ich ehrlich erscheinen? – Ehrlichkeit gefällt. – Warum wollte ich überhaupt gefallen? – Es tut mir gut, anderen zu gefallen. – Auch wildfremden Menschen? – Ich will allen Leuten gefallen. – Warum? – Dann sind sie freundlicher. – Warum will ich freundliche Leute um mich? – Freundliche Leute sind nicht so aggressiv. – Habe ich Angst vor aggressiven Menschen? – Ja, aggressive Menschen könnten mich angreifen. – Was könnte dabei passieren? – Ich könnte in Gefahr geraten. – Wann bin ich schon bei aggressiven Menschen in Gefahr geraten? – Bei meiner Mutter, wenn ich ihr nicht gefiel. – Wann gefiel ich ihr nicht? – Wenn ich nicht gehorchte oder widersprach. – Welcher aggressive Mensch hat mich noch bedroht? – Mein ältester Bruder. – Wann? – Wenn er schlechter Laune war ...

Natürlich wissen Sie, was die letzten drei Pünktchen sagen wollen: weitermachen – weiterbohren, bis Sie am »Grund« angelangt sind. Wenn Sie glauben, es sei noch nicht soweit, es fallen Ihnen aber keine weiteren Fragen mehr ein: Unterbrechen Sie die Aktion, lassen Sie Zeit vergehen, denken Sie aber über das Problem weiter nach und gehen Sie es dann wieder an. Natürlich können Sie zum Tieferbohren auch einen Helfer, eine Helferin dazunehmen.

»Am Grunde« sollten Sie zu einer Erkenntnis gekommen sein, die etwa so lauten könnte: Ich will allen Leuten gefallen. – Dann sind sie weniger aggressiv. – Sind sie weniger aggressiv, fühle ich mich sicherer. – Ich fühle mich sicherer, wenn ich nicht in Frage gestellt werde. – Angriffe, die nur meine Ansichten in Frage stellen, sind mir gleichgültig, ich habe sie sogar gern, denn dann kann ich diskutieren. – Ich fühle mich nur frustriert, wenn ich als Person in Frage gestellt werde. – Die erste Person, die mich immer wieder in Frage gestellt hat, war meine Mutter. – Dazu fällt mir ein, daß sie gesagt hat: Wenn andere wüßten, wie ich sei, müßte ich mich schämen. – Auf meine Frage, warum, bekam ich keine Antwort. – Ferner sagte sie oft, sie sei von mir so enttäuscht, daß sie mich demnächst wegbringe. – Ich hatte schreckliche Angst vor dem Verlassenwerden. – Wenn mein älterer Bruder schlechter Laune war und ich ihn um Hilfe bei einer Schulaufgabe bat, wußte ich nie, ob er mich nicht barsch abwies. – Darum schmeichelte ich ihm, bevor ich ihn um Hilfe anging. – Ich habe ähnliches Benehmen bis zum heutigen Tag beibehalten. – Mein Gefallenwollen scheint sowohl Unsicherheit als auch Angst vor Zurückweisung auszudrücken.

Inzwischen ist Ihnen sicherlich klargeworden: Eine Selbstanalyse (übrigens auch eine Analyse mit Hilfe einer Fachkraft) verlangt Arbeitseinsatz und Zeit. Aber beides lohnt sich.

Bei der Diagnose spielt natürlich die eigene Biographie, also die individuelle Vergangenheit, eine entscheidende Rolle. Es ist nicht immer angenehm, an Negatives erinnert zu werden, und wir wollen und sollten dies auch nicht zur Norm machen. Unabläßliches Herumstochern in längst vergangenen argen Zeiten kann vernarbte Wunden aufreißen. Aber wir müssen erfahren, wie diese Wunde entstanden ist. Dann können und sollten wir sie in Ruhe lassen. Zwar verschwinden seelische Narben nie, aber sie können ihre Bedeutung verlieren. Daß uns Wunden geschlagen wurden, bedeutet nichts mehr, wenn wir den Tätern verzeihen. Und wir können lernen, auch uns selbst zu verzeihen.

4. Komplexbewältigung

Patterns

Beantworten Sie sich zunächst die folgenden Fragen:

○ Es gibt sicherlich Menschen, mit denen Sie nicht besonders gut auskommen. Was haben diese Personen gemeinsam? Haben Sie die Antwort gefunden, bohren Sie bitte weiter, bis Sie Personen gefunden haben, bei denen Ihnen eine solche Haltung zum ersten Mal in Ihrem Leben begegnet ist.
○ Führen Sie gern Selbstgespräche mit Personen, denen Sie »die Meinung sagen«?
○ In welchen Situationen wollen Sie als Sieger/in gesehen werden? Warum? Wen wollen Sie dabei übertrumpfen? Warum gerade diese Person/en? Sehen Sie dabei Zusammenhänge mit Ihrer Kindheit?
○ Warum regen Sie sich immer wieder auf? Über was? Über wen? Ist Ihre Erregung unverhältnismäßig oft/stark/lang andauernd?
○ Ist es womöglich immer dieselbe (alte) Geschichte? Wenn ja, warum?
○ Sind Sie in Ihren Selbstgesprächen oder bei heftigen Diskussionen der/die Verfolger/in oder der/die Verfolgte?

○ Wirkt sich die Aufregung auch somatisch aus, also mit körperlichen Erscheinungen?

– Mit schnellerem Atem/Puls? Mit Anhalten des Atems?
– Mit Tränen oder dem Wunsch, weinen zu dürfen?
– Mit Gefühlen der Wärme oder der Kälte?
– Schütteln Sie sich unabsichtlich, wenn Sie an Unangenehmes denken?
– Werfen Sie bei unangenehmen Erinnerungen die Hände vor die Augen?
– Oder halten Sie sich die Ohren zu?
– Welche weiteren somatischen Reaktionen können Sie bei sich beobachten: Verkrampfungen, Beinwippen, Trommeln mit den Fingern, Aufstampfen mit einem Fuß?
– Liegt hierbei ein Pattern vor?

Ein »Pattern« heißt in der amerikanischen Literatur ein sich häufig wiederholendes Verhaltensmuster; wie wir zum Beispiel stets auf gleiche Weise den Telefonhörer halten und wählen. Uns umzustellen, also mit der Hand zu wählen, mit der wir bisher den Hörer zu halten pflegten, fällt uns schwer.

So könnte die Beschreibung eines Patterns in obengenanntem Sinne lauten: Höre ich Eigenlob, verkrampfen sich meine Lippen leicht, und ich richte meinen Oberkörper auf, als wolle ich mich zurücklehnen.

Patterns sind die körperlich erlebte Ausdrucksform von Emotionen. Sie treten meist schon auf, bevor wir die entsprechenden Emotionen interpretiert haben; wir könnten sie also das Vorspiel von Gefühlen nennen. Wir haben aber auch die Möglichkeit, Patterns – so wir sie als solche erkannt haben – zu durchbrechen. Ein Beispiel: Durch systematische Eigenbeobachtung wissen Sie, daß Sie in rührenden Situationen den Atem anhalten. Dann dauert es nicht mehr lange, bis Ihre Augen feucht werden. – Sie befinden sich auf einer Beerdigung und sehen, daß jetzt gleich eine zu Herzen gehende Szene kommt, bei der Menschen besonders schnell weinen. Sofort atmen Sie gleichmäßig, aber etwas intensiver als sonst weiter. So durchbrechen Sie Ihr »Tränen-Pattern«.

Reagieren Sie mit leichter Anspannung Ihrer Mundwinkel und Aufrichten Ihres Oberkörpers auf Eitelkeiten, werden Ihnen diese gleichgültiger, wenn Sie Ihr »Eitelkeits-Pattern« nicht einnehmen. Sie spüren: Ihr Kollege wird jetzt gleich wieder ein Selbstlob vom Stapel lassen. Sofort entspannen Sie den Mund, damit es ja nicht zu seiner Anspannung kommt, und verändern eben nicht den Oberkörper.

Häufig sind auch unseren Augen Gefühle abzulesen. Deswegen sprechen wir vom zornigen Blick, gutmütigen oder verschlagenen Augen und so fort. Mit der Sprache unserer Augen verraten wir uns nicht nur, sondern beeinflussen sogar unsere Befindlichkeit. Wollen Sie sich dies durch einen kleinen Test beweisen?

Schauen Sie einmal ganz »leer«, ausdruckslos vor sich hin, so daß Sie trotz offener Augen kein Detail sehen. Haben Sie bemerkt, wie die Anspannung nachläßt? Wir werden gleichgültiger und unfähig für Zorn, Angst und Ungeduld. Dieser gelangweilte Blick ist ein ausgezeichneter Pattern-Durchbrecher. Wenn Sie sich mit diesem Blick nicht präsentieren wollen, brauchen Sie nur so lange den Kopf zu senken. Und da dieser Pattern-Durchbrecher innerhalb von Sekunden wirkt, können Sie, nun selbstbeherrscht, Ihren Kopf wieder heben.

Zweckmäßige Verhaltensänderungen scheitern oft an dem Glauben, sie seien nur über Charakteränderungen zu erzielen. In einigen Fällen mag dies notwendig werden; in der Mehrzahl ungewünschter Reaktionsmuster reicht der so einfache Pattern-Durchbrecher jedoch völlig.

Vier-Stufen-Programm als Pattern-Durchbrecher

Wir sind erzogen, Geschriebenes ernster zu nehmen und beim Schreiben sorgfältiger zu denken als beim Sprechen. Deshalb fordern erfahrene Psychotherapeuten Patienten auf, über ihre Probleme zu schreiben. Keine Angst: Eine schriftliche Selbstanalyse sollte höchstens zehn Minuten dauern. Auch wenn Sie sonst auf einer Schreibmaschine schreiben, empfiehlt es sich, diesmal einen weichen Bleistift zu benutzen. Interpunktion, Grammatik, Orthographie, Stil – all das ist hier gleichgültig. Es soll schnell und spontan gearbeitet werden. Wenn Sie nicht gleich nach dem zu analysierenden Vorfall schreiben können, erleben Sie zu einer geeigneten Zeit das Ereignis nochmals und möglichst realistisch, so dramatisch, wie es Ihnen beim ersten Mal vorkam.

Ein Beispiel: Mein Golflehrer wird von verschiedenen Schülern abgelehnt, weil er ihnen zu pedantisch ist. Mir dagegen gefällt seine Art, die ihm aber immer weniger Schüler bringt, was mir leid tut. Soll ich ihm einen Tip geben? Ich überlege mir die Angelegenheit und entscheide mich dagegen. Nicht lange darauf treffe ich ihn und ertappe mich plötzlich dabei, wie ich ihm doch einen »guten Rat« gebe. Hinterher ärgere ich mich, weil ich meinen Vorsatz gebrochen habe.

Stufe 1: Welche Gefühle und Körperreaktionen bewirkte der Bruch meines Vorsatzes, als ich damit anfing? Auf Lippen gebissen, Kopf geschüttelt, mich gefragt: Was geht's dich an?

Stufe 2: Woran erinnert mich der Vorfall? Passiert mir immer wieder – Liebkind machen – helfen wollen – oft schon Scherereien wegen Einmischung gehabt – Liebkind der Mutter sein, wenn sie launisch und ungerecht war – tagelanges Schmollen der Mutter schwer zu ertragen – auch ihre unberechtigten Vorwürfe – meine Hilfsbereitschaft ist Angst vor Sympathieverlust – Angst vor Nachteilen.

Stufe 3 (Pattern): Leichtes Kopfschütteln und schlechtes Gewissen wegen Wortbruchs.

Stufe 4 (Trainingsprogramm): Sobald Pattern auftritt, habe ich noch Zeit, mit Ausrede abzubrechen: »Jetzt habe ich vergessen, was ich sagen wollte ...«

Auch bei Kommunikationsschwierigkeiten können Sie das Vier-Stufen-Programm anwenden. Ist es Ihnen nicht auch schon passiert, daß Sie jemanden plötzlich nicht mehr verstanden haben – die Person erschien Ihnen irrational und zeigte überschießende Reaktionen, Tränen, Zuknallen der Tür, unerwartete Verbalangriffe und so weiter? Das Programm kann Ihnen helfen zu erkennen, welche versteckten Tendenzen Sie blockieren, und den anderen besser zu verstehen.

Beispiel: Meine Frau macht in meinem Beisein eine kritische Bemerkung unserer 18jährigen Tochter gegenüber, worauf diese unter Tränen zu kreischen anfängt.

Stufe 1: Ich fühle mich befangen, meine Tochter tut mir leid, obwohl sie sich danebenbenimmt. Wie kann man nur wegen einer Bagatelle so toben?

Stufe 2: Ich benahm mich ähnlich, als mein Vater meine Fotos lieblos krumm und schief in eine Kladde geklebt hatte – als ich meiner Mutter eine sehr interessante Buchstelle vorlesen wollte und sie mich zynisch abfertigte – als meine Mutter völlig ungerecht an meiner Frau herumnörgelte.

Stufe 3 (Pattern): Anhalten des Atems, Tränen und Schluchzen bei Gefühl von Mißachtung.

Stufe 4 (Training): Bei geringstem Anzeichen von Erregung ruhig weiteratmen!

Das Vier-Stufen-Programm funktioniert nicht nur zum Abgewöhnen von unerwünschten Reaktionen, sondern auch von mißliebigen Aktionen, wenn ich zum Beispiel allzuoft meine Minderwertigkeitsgefühle andere spüren lasse.

Beispiel: Der sehr gut situierte Unternehmensberater A spielt gelegentlich Tennis mit Studienrat B. B reizt A aus mehreren Gründen: Er spielt besser Tennis, hat viel Freizeit und ist geistig ungemein genügsam – Lokalblatt und Fernsehen reichen ihm als geistige Nahrung völlig. A fühlt sich (außer im Tennis) in jeglicher Hinsicht überlegen und zeigt es ihm auch: »Kein Wunder, daß Sie so gut Tennis spielen. Vormittags halten Sie Unterricht, nachmittags haben Sie frei. Abends tun Sie gar nichts. Und das alles von unseren Steuern ...« Genau betrachtet setzt A den B deswegen so gern herab, weil er sich sein Leben viel schwerer macht als B. Eigentlich möchte er wie B sein – und er möchte seine fast zwanghaften Herabsetzungen aufgeben. Warum soll B für As Schwierigkeiten büßen?

Stufe 1: Scham darüber, daß er den harmlosen B wieder angreifen will.

Stufe 2: Es fällt A ein, daß er schon im Gymnasium gute Sportler beneidet hat, ferner Kameraden, die sich mit einem Minimum an Büchern und einem Maximum an Freundinnen durch die Schule schlugen. Er selbst war dagegen ängstlich auf gute Noten bedacht und mädchenscheu. Also: Neid auch auf B.

Stufe 3 (Pattern): A leitet verbale Attacke auf B mit einem ironischen Seitenblick ein.

Stufe 4: Durch eine Art mentales Training (später davon mehr) gewöhnt sich A den Seitenblick auf B ab; damit beherrscht er sich jetzt.

Verzögerte Reaktion

Auch zu Ihrem Sprachgebrauch werden folgende Redewendungen gehören: »Hätte ich doch etwas länger gewartet – hätte ich doch nicht sofort reagiert – hätte ich mir das doch etwas besser überlegt!« Im Vergleich dazu bedauern wir viel seltener, nicht sofort reagiert zu haben. Wir reagieren demnach öfter »überschießend« als »unterschießend«. Im übrigen ist jedem zu gratulieren, der nicht schlagfertig ist, also nicht immer fertig zum Schlagen, zum Angriff. Schlagfertigkeit imponiert zwar Beobachtern, nicht aber dem Geschlagenen, und dem Schläger meist nicht lange. Spätestens wenn sich der Geschlagene revanchiert (und nicht immer nur mit Worten), bedauert der Witzbold sein Bonmot. Die Aggression der Schlagfertigkeit ist häufig ein Ausdruck geringen Selbstwertgefühls. Sich selbst auf den Arm nehmen – wenn es nicht Koketterie ist –, verrät dagegen einen Vorrat an Selbstsicherheit.

Überschießend reagiert natürlich auch jemand, der zum Beispiel zu schnell nachgibt oder sich beim ersten Widerstand sofort wegen eingebildeter Schwäche zurückzieht.

Also: Lassen Sie sich nicht von Ihren eigenen Reaktionen überrumpeln. Eine verzögerte Reaktion bringt in den allermeisten Fällen Vorteile.

Komplexe zerdenken

So wie bestimmte Säuren Stoffe zersetzen, vermögen auch Gedanken Gefühle aufzulösen. Unkompensiert und unreflektiert, wirken Emotionen der Minderwertigkeit zwanghaft: Erst hinterher merken wir, daß wir wieder einmal von diesen negativen Gefühlen zu Unwünschbarem gezwungen worden sind, zum Beispiel zum Angeben, zum Herabsetzen, zum kleinlichen Kritisieren oder zur Flucht in unser Schneckenhaus, zu Sprechhemmungen oder zum Rotwerden. Wie etwa der Kleingewachsene, der sich überstreckt und von oben herab spricht. Würde er nur ganz kurz reflektieren, wäre sein Überstreckungs-Pattern sofort unterbrochen, eingedenk seiner hundertfachen

früheren Überlegungen, daß niemand aufgrund seiner Kör-
perlänge geschätzt wird, sondern aufgrund des Nutzens, den er
spendet.

Es gibt kaum einen Minderwertigkeitskomplex, der nicht
zerdacht werden könnte.

Auch durch »*Reframing*« kann man negative Gedankenmuster
stoppen, indem man die Situation aus einem anderen Blick-
winkel betrachtet. Ein Beispiel: Ich muß 10 000 DM Ein-
kommensteuer nachbezahlen, weil ich im vergangenen Jahr
25 000 DM mehr als vorgesehen verdient habe. Ich kann mich
über die Nachzahlung ärgern, ich kann die Angelegenheit aber
auch in einem anderen Rahmen *(frame)* sehen und mich über
die 15 000 DM Mehrgewinn freuen.

Oder eine Frau ist betrübt, weil sie nicht Herrn X erobern
konnte. Durch einen anderen Rahmen gesehen, kann sie
sich damit trösten, daß sie mit 40prozentiger Wahrscheinlichkeit
von X geschieden würde (Scheidungsquote). Und vielleicht ginge
ihr X schon bald mit seinen gockelhaften Eitelkeiten und Auf-
merksamkeiten für fremde Frauen auf die Nerven.

Das Ende vieler Komplexe

Vorheriges Zerdenken von Komplexen und rechtzeitiges Bremsen mit Hilfe von Pattern-Durchbrechern verhindern die Ma-
nifestation vieler Komplexe. Vorheriges Zerdenken ist eine
Sache stiller Stunden, Pattern-Durchbrecher anzuwenden eine
Angelegenheit von Sekundenbruchteilen. Wie lerne ich, den
Durchbrecher im entscheidenden Augenblick parat zu
haben?

Wer sich schon häufig etwas vorgenommen hat und nach
kurzer Zeit seinen Vorsätzen untreu geworden ist, hat sein

Unbewußtes – bildlich gesprochen – wie ein Kind behandelt, von dem man etwas erwartet, aber dann doch nicht auf der Erfüllung besteht. Das Kind wird bald tun, was es will. So auch das Unbewußte: Ich muß ihm beibringen, daß ich es diesmal wirklich ernst meine. Ich muß es sensibilisieren. Ich muß unbewußte Vorgänge stören, was ich ja auch bei der Benutzung von Pattern-Durchbrechern tue. Sie können es trainieren:

Ich trage zum Beispiel meine Uhr am linken Handgelenk. Will ich die Zeit wissen, hebt sich mein linker Arm. Trage ich jetzt aber meine Uhr am rechten Handgelenk und will ich die Zeit wissen, geht trotzdem ganz automatisch mein linker Arm hoch. Runter mit dem linken Arm und ganz bewußt den rechten hoch! Das Unbewußte merkt: Aha, jetzt weht ein anderer Wind. Jetzt wird's ernst. Und wenn Ihnen Ihre Persönlichkeitsentwicklung wichtig ist, dann legen Sie am Ende dieses Satzes das Buch nieder und befestigen Ihre Uhr am anderen Handgelenk ... Nach einiger Zeit werden Sie dann dieses Handgelenk unbewußt heben. Gut. Dann wechseln Sie wieder.

Weitere Übungen zur Sensibilisierung des Unbewußten:
○ mit der anderen Hand die Telefonnummern wählen;
○ mit der anderen Hand die Zahnbürste halten und erst nach einer halben Minute die gewohnte Hand zum wirklichen Putzen verwenden;
○ mit der anderen Hand kurze Notizen machen;
○ nicht immer an derselben Stelle die Rasur beginnen, dasgleiche gilt auch fürs Schminken;
○ die Nahrung kauen, bis sie wie ein Brei verflüssigt ist;
○ die Treppen ganz anders hinauf- oder hinabsteigen: zwei Stufen auf einmal oder den zweiten Fuß auf dieselbe Stufe setzen wie den ersten oder einen Fuß quer zur Stufe und den anderen längs ...;

○ sich selbst zwicken, wenn Sie sich dabei ertappen, wie Sie gegen einen Ihrer Vorsätze verstoßen haben;

○ erinnern Sie sich mit kleinen Signalen an Ihre Vorsätze, etwa mit einem roten Punkt am Rasierspiegel, einem U für Unbewußtes auf dem Schreibtisch oder am Telefon.

Seit FREUD beschäftigen sich ganze Legionen von Psychiatern, Psychotherapeuten und Psychologen mit der Frage, warum Menschen rachsüchtig, jähzornig, krankhaft ehrgeizig, snobistisch oder sonstwie charakterlich auffällig sind. Erst vor etwa 20 Jahren kamen zwei Amerikaner – BANDLER und GRINDER – auf die Idee, sich zu fragen, was im Gehirn eines Menschen vorgeht, der vorwiegend heiter, gelassen, hilfsbereit ist. RICHARD BANDLER beschrieb die Ergebnisse dieser enorm wichtigen Forschung in seinem Buch »*Veränderungen des subjektiven Erlebens*«. In Kurzform: Es gibt einfache Techniken, um sehr schnell unsere Psyche zu verändern. (Pattern-Durchbrecher sind eine von diesen Techniken, allerdings nicht von Bandler und Grinder.)

Einfluß von Licht und Entfernung auf Erlebnisbilder

Sehe ich vor meinem geistigen Auge ein vergangenes Erlebnis hell und in nächster Nähe, aktiviere ich dieses: Ich empfinde es stark. Schiebe ich dagegen vor meinem geistigen Auge ein vergangenes Erlebnis weit weg, so daß es ganz klein wird, und dunkle ich das Bild noch ab, verliert es an Wirkung auf mich.

Lesen Sie diesen Absatz zu Ende und machen Sie dann einen völlig harmlosen Test, der Ihnen den Einfluß von Licht und Entfernung auf Erlebnisse bestätigt. Sie schließen bei diesem Test die Augen und stellen sich ein sehr schönes Ereignis aus

Ihrem Leben vor. Wenn Sie das Bild einigermaßen plastisch erlebt haben, schieben Sie es weit von sich und dunkeln Sie es ab,
so als hätte das Ereignis fast im Finstern stattgefunden ...
Wann wirkte dieses schöne Erlebnis stärker auf Sie: als es hell
und nah oder als es weit entfernt und dunkel war? Höchstwahrscheinlich bei hell und nah.
Ein weiterer Test: Stellen Sie sich jetzt ein für Sie sehr peinliches Erlebnis vor, zuerst ganz nah und sehr hell, dann weit
entfernt und dunkel ...
Höchstwahrscheinlich empfanden Sie diesen unangenehmen Vorfall nah und hell viel unangenehmer als weit weg und
dunkel. In jedem Leben gibt es Erinnerungen an gelungene,
harmonische, erfolgreiche Ereignisse und welche an unange-
nehme, enttäuschende, sogar beschämende Vorfälle. Aber es
gibt eben verschiedene Arten dieser Erinnerungen:

○ Lebenskünstler sehen Angenehmes hell und sehr nah.
○ Lebenskünstler sehen Unangenehmes weit weg und finster.
○ Der Lebensstümper sieht Angenehmes weit weg und dun-
   kel.
○ Der Lebensstümper sieht Unangenehmes ganz nah und grell.
○ Minderwertigkeitsgefühle schaffen Lebensstümper.

Wer diese Zusammenhänge erkannt hat, kann ab sofort bestimmen, wie er Vergangenes sieht. Damit besitzt er ein einfa-
ches Mittel, quälende Erinnerungen erst gar nicht an sich her-
anzulassen: Er verkleinert sie fast bis zur Bedeutungslosigkeit.
Sie glauben es noch nicht? Beweisen Sie sich durch obige Tests,
wie Ihr Gehirn angenehme beziehungsweise peinliche Erinnerungen verarbeitet. Das ist für Menschen mit Gefühlen und
Komplexen der Minderwertigkeit besonders wichtig, denn
böse, das Selbstwertgefühl herabsetzende Erinnerungen an die
Kindheit reißen immer wieder Narben auf.

Seien Sie aber nicht enttäuscht, wenn zunächst auch einmal weit weggeschobene, verdunkelte Bilder wieder in greller Nähe erscheinen. Das Unbewußte lernt zwar manchmal sehr schnell und vergißt langsam. Nach und nach kapiert es, daß der und der peinliche Vorfall in Ihrer Vergangenheit heute gar nichts mehr bedeutet.

Einfluß der Lautstärke von Selbstgesprächen auf das Denken

Beim Denken führen wir eigentlich dauernd Selbstgespräche. Natürlich werden Sie meist lautlos denken. Wenn Sie sich aber genau beobachten, werden Sie bemerken: Manchmal flüstern Ihre Gedanken, und manchmal reden sie laut.

Ein Test: Achten Sie darauf, wie laut oder leise Sie in Ihrem Gehirn sprechen, wenn Sie denken: »Ich habe diese Person vom ersten Augenblick an gerngehabt«, oder: »Diese Rechnung ist eine Riesenschweinerei. Zwanzig Mark für diesen alten Trödel!«

Höchstwahrscheinlich sprachen Sie den zweiten Satz (in Gedanken) viel lauter, eindringlicher, kurzum: dramatischer.

O Der Lebenskünstler denkt an Schönes dramatisch.
O Der Lebenskünstler denkt an Unschönes nur flüchtig.
O Der Lebensstümper denkt an Schönes nur flüchtig.
O Der Lebensstümper denkt an Unschönes dramatisch.
O Der Mensch mit Minderwertigkeitsgefühlen ist ein Lebensstümper.

Der Lebensstümper brüllt sich Unangenehmes direkt zu, natürlich unhörbar für seine Ohren, aber sehr wohl hörbar für sein Unbewußtes. Und das Unbewußte nickt gravitätisch mit dem Haupte, brummt: »Sehr richtig!«, und erinnert ihn bald wieder an den mißlichen Vorfall, denn: Wenn der so brüllt, dann scheint ihm der Vorfall wichtig zu sein. Und Wichtiges darf man nicht vergessen – sagt sich das Unbewußte.

Ein weiterer Test: Denken Sie einmal an etwas ganz Unliebsames. Und wenn Sie dieses Unliebsame fest an Ihnen nagen spüren, dann singen Sie plötzlich laut: »Auf in den Kampf, Torero!« Und? Das Unliebsame ist weg.

Denken Sie nun noch einmal an das Unliebsame, schmettern aber nicht laut, sondern nur in Ihrem Kopf ... Und? Wieder hat die Arie des Stierkämpfers die bösen Gedanken verjagt. Vielleicht zuerst nur für einige Sekunden. Aber nach dem x-ten Male hilft die Methode dauerhaft.

Der Schutz- und Trutzvertrag mit Subpersonen

Jeder von uns besteht aus mehreren Personen, ohne deswegen eine krankhafte multiple Persönlichkeit zu sein. Wollen Sie einige Ihrer Personen kennenlernen, diese »Subpersonen«, wie man sie nennen kann? Ja? Dann erinnern Sie sich zum Beispiel an einen wichtigen Brief, den Sie schreiben mußten, aber nicht gern schrieben. Dabei mögen Sie folgendes gedacht haben:

○ »Heute muß ich ihn unbedingt schreiben.«
○ »Wenn ich ihn morgen schreibe, kommt er auch noch rechtzeitig an.«
○ »Und wenn ich anrufe, statt einen Brief zu schreiben?«
○ »Ich könnte behaupten, ich hätte seinen Brief nicht erhalten, dann bräuchte ich auch nicht zu schreiben ...«

Natürlich dachte nur eine Person: Sie. Wir können aber auch das Ganze als die Unterhaltung von mehreren Personen betrachten: einer pflichtbewußten Person (heute unbedingt

schreiben), eines Schlitzohrs (Brief nicht erhalten), eines Faul-
pelzes (und wenn ich anrufe ...) und so weiter.

Jede Ihrer Subpersonen will für Sie nur das Beste. Bleiben
wir bei unserem Beispiel: Die erste Subperson erinnert Sie an
Ihre Pflicht. Die zweite beruhigt Sie. Die dritte empfiehlt Ihnen eine »schonende« Methode. Die vierte will Ihnen die ganze
Arbeit abnehmen.

Ein anderer – etwas komplexerer – Fall: Jemand leidet an einem starken Gefühl der Minderwertigkeit und setzt Leute, die
es im Leben zu Rang und Namen gebracht haben, oft herab.
Diese Person will sich die Entwertungstendenz abgewöhnen
und bespricht ihr Vorhaben mit ihren Subpersonen. Hören wir
uns diese Diskussion an.

Person (P): »Warum zwingst du mich, oft gewisse Leute abzu-
werten?«

Subperson 1 (S1): »Damit diese dich achten und dich nicht
ausnutzen.«

P: »Wieso mich ausnutzen?«

S1: »Wer nicht geachtet wird, wird gern untergebuttert.«

S2: »Wer herabsetzt, ist unbeliebt und muß mit Aggressionen rechnen.«

S1: »Wer sich gut verteidigt, steigt im Ansehen.«

P: »Wenn aber jemand meine Herabsetzungstendenz als Gefühl der Minderwertigkeit erkennt?«

S1: »Wer erkennt dies schon?«

P: »Viele.«

S2: »Dann lachen alle über deinen Minderwertigkeitskomplex, du wirst lächerlich und unbeliebt, außerdem die Ziel-
scheibe für Aggressionen.«

P: »Was soll ich jetzt machen?«

S2: »Sei nett zu allen, auch wenn sie dich manchmal von
oben herab behandeln.«

P: »Nett – gern. Aber von oben herab möchte ich nicht behandelt werden.«

S1: »Mußt du auch nicht. Verteidige dich mit Ironie!«

P: »Ich danke euch, Subpersonen, daß ihr es so gut mit mir meint. Aber ich fürchte, jede von euch übertreibt ein wenig. Gibt es nicht noch andere Lösungen?«

S2: »Wenn dich jemand von oben herab behandelt, kannst du dich wehren. Aber nicht mit Ironie, denn Ironie beleidigt.«

P: »Womit dann?«

S2: »Frage, warum plötzlich der Ton gewechselt wird oder was an deiner letzten Aussage falsch war.«

P: »S1, wärst du mit dem Vorschlag von S2 einverstanden?«

S1: »Ja, solange du dich nicht verkriechst, sollte dich jemand von oben herab behandeln.«

P: »Einverstanden. Ich werde also meine Ironie aufgeben, die andere herabsetzt und mich unbeliebt macht. Ich werde mir Formulierungen zurechtlegen, die ich höflich anwenden kann, sollte mich jemand von oben herab behandeln wollen.«

Diese Diskussion mit mehreren Subpersonen hat den Vorteil, ein Problem unter verschiedenen Gesichtspunkten zu sehen und zu einer Lösung zu kommen, die von allen angenommen wird. Solange auch nur eine Subperson der Lösung nicht zustimmt, besteht noch eine ernstzunehmende Tendenz gegen den Vorsatz. Die Disharmonie zwischen den Subpersonen ist der häufigste Grund für das Scheitern auch der besten Vorsätze.

Das Vorstellungsgespräch

Es gibt sehr viele Menschen, die von anderen grundverschieden beurteilt werden. Die einen nennen A arrogant, streitsüchtig, egozentrisch, die anderen finden A liebenswürdig, bescheiden, hilfsbereit. Wer hat nun recht? Beide, denn A entspricht beiden Beschreibungen. Bei den einen fühlt er sich sicher, akzeptiert, beliebt und ist dann auch so, ohne zu schauspielern. Die anderen vermitteln ihm nicht so positives Entgegenkommen: Sie wecken die Hunde seines geringen Selbstwertgefühls, die dann zu Angstbeißern werden. Menschen mit nicht oder falsch kompensierten Komplexen sind mimosenhaft. Sie sind nicht nur empfindlich gegen kalten Wind, sie glauben sogar, irgend jemand habe die Luft abgekühlt und in Bewegung gebracht, um sie zu verbittern!

Menschen mit Minderwertigkeitsproblemen glauben stets, sie seien gemeint. Lacht jemand im Zimmer, sehen sie gern in sich die Ursache. Es fällt ihnen schwer zu erkennen, daß sie gar nicht so interessant sind, um gemeint zu sein.

Wir sollten uns im Alltag so verhalten, wie wenn wir uns bewerben, uns vorstellen bei einem Arbeitgeber, einem Club, in den wir gern aufgenommen würden, bei einem Menschen, an dessen Wertschätzung und Liebe uns etwas läge. Was tun wir da? Wir ziehen uns sauber und gefällig an. Wir benehmen uns gut. Wir sehen *nicht* hinter jeder Frage eine gehässige Neugier oder Ablehnung, zumindest warten wir erst einmal ab. Wir fallen nicht ins Wort, wir lassen ausreden. Wir halten keine großen Vorträge, sprechen knapp, klar und – möglichst – wahr. Wir gehen auf einen Scherz ein, lassen es uns aber nicht einfallen, über die anderen zu scherzen. Wir tasten eher das Gelände ab, als daß wir mit Riesenschritten irgendwo hineintappen. Das ist das beste Verhalten, damit nicht die eigenen oder fremde Hunde geweckt werden und den üblichen Unsinn anstellen.

5. Die Erfolgsprogrammierung

Bei dieser sehr einfachen, wirksamen und völlig ungefährlichen Beeinflussung Ihres Unbewußten gehen wir von einer Grundtatsache unserer Psyche aus: *Alles, was ich mir fest vorstelle, verwirklicht sich im Rahmen des Möglichen!*

Wenn ich mir fest vorstelle, ich hätte Läuse, verspüre ich bald einen Juckreiz; und wenn ich mir fest eine saftige Zitronenscheibe vorstelle, dauert es nicht lange, bis meine Speicheldrüsen vermehrt Speichel produzieren. Die dramatischste Vorstellung erleben wir bei der Scheinschwangerschaft: Eine Frau bildet sich ein, ein Kind zu bekommen, und ihr Körper produziert alle Schwangerschaftssymptome – wenigstens für eine gewisse Zeit. Diese Phänomene sind Ausdruck der Macht unseres Unbewußten.

Offenbar kann unser Unbewußtes leicht hinters Licht geführt werden. Es kann nicht unterscheiden zwischen Einbildung und Wirklichkeit. Diese Tatsache nutzen wir am besten im Zustand einer systematischen Entspannung aus: In diesem für das Gehirn harmonischsten Zustand lernt es am leichtesten, ist also über Vorstellungen in Form von Bildern am wirksamsten zu programmieren. Dabei biete ich ihm Bilder von mir, als wäre ich bereits so, wie ich sein möchte.

Nehmen wir an, Sie haben dieses Buch nicht bis hierher gelesen, nur um zu erfahren, wie bedeutende historische Persönlichkeiten von ihren Minderwertigkeitskomplexen gebeutelt sind, sondern haben sich gelegentlich auch gefragt: Leide ich nicht auch an einem schwachen Selbstwertgefühl? Warum tue ich immer etwas mir Unerwünschtes gegen meinen Willen? Sollte dem so sein, dann haben Sie bestimmt schon ermittelt, was Sie bei sich ändern möchten: Welche Schwäche wollen Sie in eine Stärke kompensieren?

Stellen Sie sich vor, welches Bild sich ergibt, wenn Sie auf einem bestimmten Gebiet so wären, wie Sie schon lange sein möchten. Zum Beispiel in einem fremden Büro so selbstsicher sein, als wäre es Ihr eigenes – ruhig zuhören können, wenn Sie kritisiert, auch ungerecht kritisiert werden, und erst nachher sachlich antworten – alles vermeiden, was nach Angabe aussehen oder klingen könnte – andere ausreden lassen – zu den kleinen Leuten so höflich sein wie zu den großen – Pattern-Unterbrecher sofort einsetzen ...

Schreiben Sie sich alle Ihre diesbezüglichen Programmpunkte auf, wahllos, wie sie Ihnen gerade einfallen. Nehmen Sie sich für diese Aufgabe Zeit und achten Sie auf positive Formulierungen (»höflich sein« statt »nie mehr unhöflich«)! Haben Sie sich dann, sagen wir, acht Punkte notiert, numerieren Sie diese folgendermaßen: Geben Sie dem Programmpunkt, den Sie am leichtesten bewältigen werden, eine 1, dem zweitleichtesten eine 2, dem nächstschwereren eine 3 und der voraussichtlich schwierigsten Aufgabe eine 8.

Fassen wir die Vorbereitungsschritte zur Erfolgsprogrammierung des Unbewußten zusammen:

1. Programmpunkte notieren.
2. Nur positive Vorsatzbildungen.
3. Diese Programmpunkte gewichten.

Bei Ihrer Erfolgsprogrammierung beginnen Sie mit der leichtesten Aufgabe. Warum? Der Erfolg stellt sich dann schneller ein, überzeugt Sie davon, daß Ihnen diese Methode hilft, und motiviert Sie zum Weitermachen. Erst wenn Sie Problem 1 gelöst haben, die Unart aufgegeben haben, gehen Sie an das nächste Problem, also an Nummer 2 Ihrer Liste. Sollte es einen Rückfall geben, gehen Sie wieder zu dem betreffenden Problem zurück. Zwei, drei Übungen werden genügen, um den Rückfall zu beseitigen. Dann machen Sie weiter im Programm.

Am besten üben Sie kurz vor dem Einschlafen, denn dann sind Sie sowieso in einem entspannten Zustand. Auch die Zeit kurz nach dem Erwachen eignet sich aus dem gleichen Grund. Es genügt, wenn Sie sich zwei, drei Minuten in der Verfassung sehen und erleben, als wäre das betreffende Problem schon gelöst. (Sie können natürlich auch tagsüber trainieren; überhaupt können Sie nicht oft genug üben.)

Verlauf einer Erfolgsprogrammierung

1. Sie sorgen dafür, daß Sie in den nächsten fünf Minuten nicht gestört werden können (keine Besucher, kein Telefon und so weiter). Suchen Sie einen Ort auf, wo nicht plötzlicher Lärm Sie hochschrecken kann.
2. Sie lockern Einengendes an Ihrer Kleidung.
3. Sie setzen oder legen sich ganz bequem hin.
4. Sie schließen die Augen und stellen sich vor, wie ein Heinzelmännchen, nicht größer als eine Erbse, durch Ihren Körper wandert und Sie sofort mahnt, wenn Sie irgendwo verkrampft sein sollten. Der Weg des Heinzelmännchens: durch die Stirnmuskulatur (ganz locker und entspannt?) – die Wange rechts (locker und entspannt?) – das Kinn – Wange links – Zunge (flach im Mund?) – Lippen (wenn sie spannen sollten, feuchten Sie sie mit der Zungenspitze an) –

Nackenmuskulatur – Schulter rechts zum Oberarm rechts über Ellbogen zum Unterarm, Handgelenk und zu den Fingern rechts. Das gleiche links. Die rechte Rückenpartie langsam vom Nacken hinunter bis in die Nierengegend, dann das gleiche links. Rechte Gesäßhälfte – linke Gesäßhälfte. Rechter Oberschenkel – rechtes Knie – Wade – Fußrücken – Fußsohle – Zehen – dann das gleiche links.

5. Vielleicht sind Sie inzwischen schon angenehm müde geworden. Wenn nicht, fragen Sie sich, ob Sie jetzt aufspringen, telefonieren, einen Koffer tragen wollten. Haben Sie die Empfindung, daß Sie noch gern einige Minuten so untätig bleiben möchten, dann befinden Sie sich im *Alpha-Zustand*: Jetzt können Sie Ihr Unbewußtes programmieren.

6. Sie greifen den gewählten Programmpunkt heraus, sehen und erleben sich, als ob Sie schon so wären, wie Sie sein wollen: ein, zwei Minuten lang. Schweifen dabei die Gedanken ab, lassen Sie sie schweifen. Denen wird das Schweifen bald zu dumm, und Sie kehren zu Ihrer Aufgabe zurück: sich zu sehen und zu erleben, als hätten Sie Ihr Ziel schon erreicht.

7. Nach den zwei Minuten sagen Sie sich: Mit jeder von diesen Übungen komme ich schneller in diesen angenehmen Zustand.

8. Bewegen Sie sich etwas und öffnen Sie dann die Augen. Üben Sie vor dem Einschlafen, machen Sie gar nichts, außer bald einzuschlafen. Das Unbewußte lernt auch im Schlaf weiter, wie Wissenschaftler an der Universität Leipzig herausgefunden haben.

Anhang

Der Krüppelkomplex – historische Beispiele

WILLIAM SOMERSET MAUGHAM, einer der erfolgreichsten Schriftsteller unseres Jahrhunderts, wegen seines guten Aussehens als junger Mann wiederholt von bedeutenden Malern gebeten, ihnen Modell zu sitzen, verlor mit neun Jahren die Mutter, mit zehn den Vater, wurde zunächst von einem ungeliebten und unliebenswerten Onkel, dann auf einer streng-kalten Public School erzogen, wo er sich so elend fühlte, daß er zu stottern begann (und es beibehielt). Er litt nach eigenen Worten an einer Art »Krüppelkomplex«: »Meine Seele wäre ganz anders ausgefallen, hätte ich nicht gestottert und wäre ich vier bis fünf Zoll größer gewesen.« Er litt unter einem leicht vorstehenden Unterkiefer (der ihm ein männlich-energisches Aussehen verlieh): »Ich hätte anders ausgesehen, die Reaktion der anderen auf mich wäre dann anders gewesen, daher meine Reaktion auf sie dann auch anders. In meiner Kindheit kannte man noch nicht die Zahnregulierung, die heute zum Handwerk eines jeden Kieferchirurgen gehört. Was ist schon die Seele, wenn sie durch einen kleinen Zahnapparat aus Draht geändert werden kann?« Das schrieb ein körperlich gesunder älterer Herr, der so berühmt geworden war, daß nur eine Privataudienz beim Hei-

ligen Vater noch begehrter war als eine Einladung in seine Villa
»Mauresque« auf einem Felsen über dem Mittelmeer.

Thersites-Komplex: Es hat keinerlei Zweck, einem damit Befallenen seine Ansichten auszureden. In meine Praxis kam einmal ein junger, sehr gut aussehender Mann mit einem prächti-
gen Kopfhaar, verzweifelt, weil ihm täglich etwa 50 Haare aus-
fielen. Das sei ganz normal, eher an der untersten Grenze, wollte
ich ihn trösten. Er aber wollte von mir hypnotisiert werden,
weil dies nach seiner Ansicht noch der einzige Schutz vor einer baldigen Glatze sei. Übrigens, THERSITES war laut HOMER
wirklich der häßlichste Mann im griechischen Heer vor Troja.
Es kann aber jemand noch so gewinnend aussehen, und er meint
doch, ein etwas schiefer Schneidezahn, ein Muttermälchen, eine
kleine Ohrmuschel-Individualität, die allgemeine Pubertäts-
akne oder eine Brille machten ihn so häßlich, daß er aller Menschen Blicke auf sich ziehe. Hierin liegt (nach H. STUTTE, 1957)
ein typischer Konfliktfaktor der jugendlichen Reifungsphase,
der manchmal zu starken Affekten führt, die in kriminellen
Handlungen abreagiert werden. Diese Überkompensation dient
dann der Selbstwerterhöhung.

Bleiben wir noch einen Augenblick bei Maugham. Eine seiner begeisterten Leserinnen erzählte ihm in einem langen Brief
von ihrer unglücklichen Jugend, die sie manchmal sogar an
Selbstmord denken ließe. Was antwortet ihr der Fachmann für
Minderwertigkeitskomplexe, die er am eigenen Leibe erfahren
hatte? Mit einer glücklichen Jugend würde sie bereits »das Beste« im Leben genossen haben. Die anderen – so wie sie – würden ein Leben danach suchen. Ja, sie suchte ein Leben lang nach
dem Besten (das freilich relativ ist), wurde die Herausgeberin
einer der größten amerikanischen Zeitschriften und schließlich
US-Botschafterin in Wien: CLARE BOOTH LUCE.

ERNEST HEMINGWAY, dem eine hysterische Mutter die Kindheit verleidet hatte, drückte es gewohnt männlich aus: »Eine

unglückliche Kindheit ist das beste Kapital für einen Schriftsteller.« Und weil er von ihr gedemütigt worden war, mußte er sich bis zu seinem Tod (durch Selbstmord) beweisen, daß er ein Held war.

Man muß nicht an einem Thersites-Komplex leiden, um von einem Körperdefekt wenigstens zeitweise beeinträchtigt zu sein. Eine Schweizer Untersuchung stellte fest, daß die kleinen Dickerchen unter den Kindern gar nicht so zufrieden, verträglich und wohlgelaunt sind, wie sie scheinen: Mit ihrer Nettigkeit wollen sie das als Defekt empfundene Übergewicht kompensieren, sie wollen sich mit niemandem anlegen, weil sie bei einer Auseinandersetzung doch den kürzeren ziehen würden.

Auffallend kleinwüchsige und/oder schwächliche Berühmtheiten

ALEXANDER DER GROSSE, PLATON, ARISTOTELES, EPIKUR, DIOGENES, ARCHIMEDES, CICERO (als Kind so schwächlich, daß er zwei Jahre lang in einer Art Erholungsheim verbrachte), HORAZ, ATTILA, KARL DER GROSSE, SANKT BERNHARD, BACON, ERASMUS, MONTAIGNE, MILTON, PASCAL, SPINOZA, KEPLER, FÉNÉLON, KANT, LICHTENBERG, NELSON, HAYDN, WOLFGANG AMADEUS MOZART, BEETHOVEN, SCHUBERT, GRAY, JOHN HUNTER, GOLDSMITH, HOGARTH, THOMAS MORUS, WILBERFORCE, HEINE, KLEIST, BALZAC, WILLIAM BLAKE, LOUIS BLANC, LUDWIG UHLAND, MENZEL, GOTTFRIED KELLER, ROBERT BROWNING, IBSEN, GEORGE ELIOT, SWINBURNE, TOULOUSE-LAUTREC, REYNAUD, FRANCO, JEAN-PAUL SARTRE, PRINZ EUGEN, FRIEDRICH DER GROSSE, NAPOLEON.

Rachitische, gelähmte, bucklige
oder klumpfüßige Berühmte

Aesop, Aristomenes, Kaiser Claudius, Galba, Brunelleschi, Parini, Scaron, Pope, Mirabeau, Talleyrand, Immanuel Kant, Lord Byron, Sir Walter Scott, Leopardi, Gibbon, Søren Kierkegaard, Hooke, Wilhelm II., Stalin, Rosa Luxemburg, Joseph Goebbels, Theodore Roosevelt (Kinderlähmung).

Menschen, über deren Häßlichkeit
von Zeitgenossen gewitzelt wurde

Sokrates, Paulus (klein, krummbeinig, schielend, hitzig), Ludwig XI. von Frankreich, Michelangelo (klein, Boxernase von einem Faustschlag, ungepflegt, »einsam wie ein Henker«, »der häßlichste Künstler weit und breit« – Raffael), Rembrandt, Wolfgang Amadeus Mozart (klein, dicklich, fleischige Nase, Ohren ohne Läppchen), Voltaire (langnasig, früh zahnlos, dürr, glatzköpfig), Dr. Marat (die »Kellerratte von Paris«), Danton (pockennarbig, »halb Stier, halb Sphynx«), Mirabeau (pockennarbig, mißgestaltet, Klumpfuß, löwenhäuptig, zunächst sprechgestört). Unter den großen Rednern, von denen es ohnehin nicht viele gab, finden wir überrepräsentativ viele Häßliche: Savonarola, Mirabeau, Danton, Lord Brougham, John Randolph of Roanoake.

Berühmte Hautkranke

Calvin, Luther (nässende Beingeschwüre), Marat, Napoleon, Karl Marx, Richard Wagner, Golda Meïr (die an so vielen chronischen Krankheiten litt, daß laut HENRY KISSINGER ein Medizinstudent sofort sein Staatsexamen bestanden hätte, würde er nur die Hälfte davon mit Namen kennen). JOHN UP-DIKE schreibt: »Ohne Schuppenflechte wäre ich ein langweiliger Mensch geblieben ...« Da er nicht flirten, nicht öffentlich baden konnte, habe er sich hinter der Schriftstellerei versteckt.

Berühmte Syphilitiker

Ab 1492 war die Syphilis in Europa das, was heute Aids ist: »ein ungeheures und fürchterliches Schrecknis«, so JOSEPH GRÜN-PECK, Privatsekretär Kaiser MAXIMILIANS I. und selbst Syphilitiker. Wenngleich bei etwa 60 Prozent der Angesteckten dramatische Krankheitsfolgen ausblieben, war ihre Angst davor doch groß, und die Behandlungsmethoden waren oft noch schlimmer als das Leiden. Krankheitssymptome und Folgeerscheinungen: Fieberschübe mit Schmerzen und Hautausschlägen, später dann Hautgeschwüre, Knoten in Knochen und inneren Organen, Entzündungen von Leber, Lunge, Kehlkopf, Magen, Zerstörung der Schädelknochen, bei progressiver Paralyse Gehirnerweichung, bei Tabes Lähmungen des Bewegungsapparates.

Verständlich, daß häufig Interesse daran bestand, die Geschlechtskrankheit Syphilis als Todesursache zu verschweigen. Dann wurden allgemeine Symptome angegeben, die auch bei »anständigeren« Krankheiten auftreten, beispielsweise Nervenfieber, Brand oder innere Blutungen. Berühmte Opfer dieser Krankheit: die Päpste ALEXANDER VI., JULIUS II. und LEO X. Renaissancefürsten, darunter französische Könige und HEINRICH VIII. von England wurden ebenfalls Opfer der »Franzosenkrankheit«. Weitere: AUGUST DER STARKE, der deutsche

Kaiser JOSEPH II. (Habsburger), ULRICH VON HUTTEN, ERAS-
MUS, CELLINI, CASANOVA (der die grausame Behandlung durch
Augsburger Ärzte genau schilderte), WOLFGANG A. MOZART,
SCHUBERT, SMETANA, MANET, MAKART, FRIEDRICH NIETZSCHE;
wahrscheinlich auch ARTUR SCHOPENHAUER, in dessen Nach-
laß sich ein Rezept über ein Quecksilberpräparat befand; HEIN-
RICH HEINE, GAUGUIN, PAGANINI, HUGO WOLF, GRABBE,
LENAU, FLAUBERT, MAUPASSANT, BAUDELAIRE und der Retter so
vieler Frauenleben, DR. SEMMELWEIS.

Andere bekannte chronisch Kranke

SWIFTs diverse Leiden machten den Bischof zu einem der bissigsten Menschen, der zu seinem Dichterkollegen ALEXANDER
POPE sagte: »Ich hasse und verachte das Tier, das man Mensch
nennt.« Er litt sehr früh schon an Drehschwindel, Unterleibs-
beschwerden und dem Zwang, täglich einige Meilen laufen zu
müssen. Bei schlechtem Wetter lief er bis zu zehn Stunden zu
Hause treppauf, treppab.

LUTHERs Martyrium: bereits in der Jugend Schwindelan-
fälle, Ohrensausen, später chronische Verstopfung, abwechselnd mit der Ruhr; Mittelohrentzündungen, Schlaflosig-
keit, Nieren-Blasensteine, Hämorrhoiden, Unterschenkelge-
schwüre.

Luthers »Kollege« CALVIN war ebenfalls ein Mann von vie-
len Leiden, ferner BLAISE PASCAL, JEAN-JACQUES ROUSSEAU (seit
Kindheit Blasenleiden), WATTEAU, PETER DER GROSSE, NAPO-
LEON, BEETHOVEN, CHOPIN, KEATS, KARL MARX, EUGENE
O'NEILL, MARCEL PROUST, STEVE CRANE, ORWELL, BOURGIBA,
ERNESTO CHÉ GUEVARA, GOLDA MEÏR.

Geisteskranke unter den Berühmten

Paranoiker, Soziopathen, Menschen mit überwertigen Ideen, Hypomanische (himmelhoch jauchzend – zu Tode betrübt) gibt es zuhauf unter den Berühmtheiten, wie WINSTON CHURCHILL oder NIKITA CHRUSCHTSCHOW in neuerer Zeit.

Meist als Folge einer Überkompensation mit Realitätsverlust präsentiert sich das expansive Syndrom (Sophomanie). Dieses Krankheitsbild scheint zur »Standardausrüstung« vieler Politiker zu gehören: krasse Überschätzung der eigenen Fähigkeiten. Die davon Befallenen halten sich für klüger, intelligenter, effizienter, als sie – und vor allem ihre politischen Gegner sind.

Nur in schweren Fällen von Sophomanie ist an eine Psychopathie zu denken; für gewöhnlich handelt es sich um reine Borniertheit. Auf die Bedeutung von echten Psychopathien bei der schwierigen Kunst, den Weltenlauf zu steuern, wies der große Psychiater ERNST KRETSCHMER hin: »Erst die Psychopathie kann das bloße Talent in ein Genie verwandeln.« Oder, wie es MELVILLE sagte: »Alle irdische Größe ist nur eine Krankheit.«

Für die Zeitgenossen werden die Krankheiten der irdischen Größen zumutbar, wenn, laut Kretschmer, die seelische Abnormität »in ein breites Stück Normalbürgertum eingebettet« wird. Das war sicher bei LUTHER oder BISMARCK der Fall, bei CHARLES DE GAULLE oder CHURCHILL (schon aufgrund der Kontrollfunktion des Parlaments), vielleicht auch bei CÄSAR (vergißt fast das Regieren bei KLEOPATRA in Ägypten), aber bestimmt nicht bei ALEXANDER, NAPOLEON, STALIN und HITLER.

Berühmte Sprechgestörte

MOSES, der sich nach eigenen Worten als Redner vertreten lassen mußte, weil er vor Publikum kein Wort herausbrachte; ARI-

STOTELES, DEMOSTHENES, ALKIBIADES, AESOP, CATO (einer von Cäsars Mördern), VERGIL, KARL V. von Spanien, ERASMUS, TURENNE, MALHERBE, THOMAS JEFFERSON, CHARLES LAMB, KLEIST, MANZONI, SWEDENBORG, MAUGHAM.

Die großen Depressiven

PAUL VALÉRY: »Optimisten schreiben schlecht.« Nehmen wir in den Kreis der Poeten auch die Vertreter anderer Künste auf, dann wird unsere Liste ausgewogener, kann aber nichts anderes sein als eine schnelle Aufzählung aus dem Gedächtnis:

DANTE, MICHELANGELO (»Meine Freude ist die Melancholie«), DÜRER, NEWTON, WATTEAU, GOETHE, KLEIST, GRILLPARZER, TOLSTOI, MÖRICKE, RICHARD WAGNER, FLAUBERT, DICKENS, LEOPARDI, SCHOPENHAUER, STRINDBERG, PICASSO.

Daß unter den Clowns und Humoristen besonders viele schwermütig sind, zählt zu den Binsenweisheiten: MOLIÈRE, SWIFT, RAIMUND, NESTROY, WILHELM BUSCH, KARL VALENTIN.

Bekannte Trinker und Drogenabhängige

ALEXANDER DER GROSSE, PETER DER GROSSE, BLÜCHER, GLUCK, GOETHE, LICHTENBERG, LUDWIG VAN BEETHOVEN, FRANZ SCHUBERT (gegen Ende seines Lebens), E.T.A. HOFFMANN, ADALBERT STIFTER, GRABBE, EDGAR ALLAN POE, GOTTFRIED KELLER, BAUDELAIRE, VERLAINE, OSCAR WILDE, CÉZANNE, VAN GOGH, TOULOUSE-LAUTREC, GORKI, MUSSORGSKI, ALFRED JARRY, JAMES JOYCE, JOSEPH ROTH, HANS FALLADA, JACK LONDON, HENRY MILLER.

Die Minderwertigkeitsgefühle von Homosexuellen

Professor TH. SPOERRI nennt in seinem »Kompendium der Psychiatrie« etwa fünf Prozent der Bevölkerung (in Westeuropa) »angeboren homosexuell«.

Aus vielen Untersuchungen geht hervor, daß der Homosexuelle unter seiner Neigung leide, vor allem jener mit erworbener Homosexualität, einer psycho-sexuellen Unreife: Aus Hemmungen vor einem heterosexuellen Partner bliebe ihm nur die Homosexualität.

Auch in Ländern mit vollständiger Liberalisierung der Homosexualität tarnen sehr viele Homosexuelle ihre Neigungen mit heterosexuellen Bindungen. Obgleich lesbische Freundschaft meist nicht gesetzlich verfolgt wurde, bekannten sich nur wenige Lesbierinnen dazu. Bei aller Toleranz betrachtet ein heterosexueller Mensch einen homosexuellen im allgemeinen als defizitär, was der Homosexuelle weiß und worunter er leidet. Homosexualität bildet die Ausnahme, die als erwähnenswert betrachtet wird. Wir können also davon ausgehen, daß Homosexualität meist ein Gefühl der Minderwertigkeit auslösen kann.

Berühmte homosexuelle oder bisexuelle Männer: ALEXANDER, PLATON, CÄSAR (»die Frau der Männer und der Mann der Frauen«), TORQUATO TASSO, LEONARDO (der deswegen zweimal in Untersuchungshaft geriet), MICHELANGELO (der Rücken und Brust seiner Frauengestalten in der Sixtinischen Kapelle mit flotter Hand malte, Rücken und Gesäß von Männern aber bis zu siebzehnmal überpinselte), CHRISTOPHER MARLOWE, möglicherweise SHAKESPEARE (der in seinen Sonetten die Untreue eines geliebten Jungen beweint), HÄNDEL, TSCHAIKOWSKIJ, WINKELMANN, WALT WHITMAN, HENRY JAMES, BAUDELAIRE, der bayrische König LUDWIG II., OSCAR WILDE, VERLAINE, RIMBAUD, PROUST, GIDE, JEAN COCTEAU, JEAN GENET, JULIEN GREEN,

GARCÍA LORCA, WITTGENSTEIN, THOMAS MANN (der sich laut seinen Tagebüchern aber bändigte), LEONARD BERNSTEIN, ANDY WARHOL, JACKSON POLLOCK.

Der Homosexuelle, berechtigterweise überzeugt von seiner Schuldlosigkeit, produziert als körperlich Unfruchtbarer »geistige Kinder«. Weil er in vielen Fällen mit Ablehnung seiner Person rechnen muß, aktiviert sein Ressentiment Kräfte, auf die der Durchschnittsbürger nicht zurückgreifen muß. Dazu kommt die seelische Not, stets auf der Hut zu sein und die Reaktion der anderen zu beobachten: der Dauerappell an wache Sensibilität, eine der wichtigsten Voraussetzungen für künstlerisches Schaffen. Deswegen sind gerade in Künstlerkreisen die Homosexuellen überrepräsentiert.

Literaturhinweise

In diesem Verzeichnis sind nur Biographien enthalten, aus denen in größerem Umfang zitiert wurde, nicht jene, die nur zur Kontrolle kleinerer Angaben verwandt worden sind.

ADLER, ALFRED: *Individualpsychologie in der Schule,* Frankfurt 1973.

ADLER, ALFRED: *Technik der Individualpsychologie* I und II, Frankfurt 1974.

ADLER, ALFRED. *Über den nervösen Charakter,* Frankfurt 1975.

ADLER, H. G.: *Die Erfahrung der Ohnmacht,* Frankfurt 1964.

APEL, HANS: *Der Abstieg,* Stuttgart 1991.

BANDLER, RICHARD: *Veränderungen des subjektiven Erlebens,* Paderborn 1988.

BANKEL, HANS, *Viele Wege führen in die Ewigkeit,* Wien 1990.

BECHER, ERNEST: *Angel in Armor,* New York 1975.

BERNARD, J. F.: *Talleyrand,* München 1973.

BIERACH, ALFRED: *Hinter der Maske: der Mensch,* Ariston Verlag, Genf/München 1988.

BIERACH, ALFRED: *Das gewisse Etwas,* Ariston Verlag, Genf/München 1992.

BIERACH, ALFRED: *Alarmsignale der Seele,* Ariston Verlag, Genf/München 1992.

CARUSO, I. H.: *Narzißmus und Sozialisation,* Stuttgart 1976.

DELAY, JEAN/PIERRE PICHOT: *Medizinische Psychologie,* Stuttgart 1985.

DIRRIGL, MICHAEL: *Goethe, Persönlichkeit und Werk,* Regensburg 1982.

DITFURTH, HOIMAR VON: *Aspekte der Angst,* Stuttgart 1965.

DITFURTH, HOIMAR VON: *Innenansichten eines Artgenossen,* München 1992.

ERIKSON, ERIK: *Young Man Luther,* New York 1958.

EISSLER, K. R.: *Goethe,* München 1987.

FRIEDENTHAL, RICHARD: *Goethe,* München 1982.

FRIEDLÄNDER, SAUL: *Histoire et Psychoanalyse,* Paris 1975.

FULLER, P.: *Die Champions,* Frankfurt 1976.

GOFFMANN, E.: *Wir alle spielen Theater,* München 1973.

GOLEMAN, DANIEL: *Lebenslügen,* Weinheim/Basel 1987.

GOULDING, ROBERT: *Changing Lives through Redecision Therapy,* New York 1979.

GLUCKMANN, ANDRÉ: *Die Macht der Dummheit,* Frankfurt/Berlin 1988.

GENEEN, HARALD: *Managing,* London 1984

HEMPEL, CARL: *The Function of General Laws in History,* New York 1959.

HORNEY, KAREN: *Selbstanalyse,* München 1974.

HUTSCHNECKER, A.: *Psychopolitik,* München 1975.

KETS DE VRIES, M.: *The Irrational Executive,* New York 1984.

LASSWELL, HARALD DWIGHT: *Psychopathology and Politics,* Chicago/London 1972.

LUHMANN, N.: *Macht,* Stuttgart 1975.

MACCOBY, MICHAEL: *Die neuen Chefs,* Reinbek 1979.

MASLOW, ABRAHAM A.: *Psychologie des Seins,* München 1973.

MCCLELLAND, David C.: *Macht als Motiv,* Stuttgart 1978.

MORAN, LORD: *The Struggle for Survival,* London 1966.

NAVARRO, MARYSA: *Evita,* Buenos Aires 1981.

NEISSER, ULRIC: *John Dean's Memory*, Washington 1982.

PILGRIM, VOLKER ELIS: *Muttersöhne*, Düsseldorf 1988.

RENTCHNICK, ACCOCE PIERRE: *Ces Malades qui nous gouvernent*, Paris 1988.

ROM, PAUL: *Alfred Adler und die wissenschaftliche Menschenkenntnis*, Frankfurt 1966.

RUBIN, THEODORE ISAAC: *Compassion and Self-hate*, New York 1986.

SCHNEIDER, H. D.: *Sozialpsychologie der Machtbeziehungen*, Stuttgart 1977.

SCHNEIDER, WOLF: *Die Sieger*, Hamburg 1992.

SPOERRI, TH.: *Kompendium der Psychiatrie*, Basel 1970.

WERTHEIM, JÜRGEN: *Ästhetik der Gewalt*, Frankfurt 1986.

ZALEZNIK, A.: *Das menschliche Dilemma der Führung*, Wiesbaden 1976.

SACHBÜCHER ANGEWANDTER PSYCHOLOGIE

In Gesichtern lesen
Menschenkenntnis auf den ersten Blick
Von Alfred J. Bierach

An seinem Gesicht erkennt man einen Menschen, an seinem Gesichtsausdruck glaubt man ihn beurteilen zu können. Doch Vorsicht vor Fehleinschätzungen, denn landläufig bekannte Klischeevorstellungen sind ebensowenig zuverlässig wie bloße Intuition. Dieses Buch vermittelt das erforderliche physiognomische Grundwissen und anhand vieler Porträts praxisbezogene Tips für das Lesen in Gesichtern und die Einschätzung der Persönlichkeit anderer Menschen. Dennoch werden hier keine Patentrezepte gegeben; es bedarf vielmehr eines differenzierten Einsatzes der Kenntnisse, um jedem Individuum gerecht zu werden. 228 Seiten, gebunden, 40 Zeichnungen, ISBN 3-7205-1585-0.

Wer lacht lebt
Emotionale Intelligenz und gelassene Reife
Von Branko Bokun

Eine heitere, gelockerte Grundeinstellung ist der beste Schutz gegen Ärger und Angst, Hektik und Stress – die allgegenwärtigen Krankmacher von Körper, Geist und Seele. Aus kulturhistorischer, anthropologischer und medizinischer Sicht entwickelt der Autor seine ebenso eigenwillige wie überzeugende Theorie von den Heilqualitäten einer heiteren Lebenseinstellung. Er bietet Rezepte dafür, wie man sich vor verbitterten und verkrampften Fehlhaltungen schützt und zeigt Wege hin zu gelassener Reife. 224 Seiten, ISBN 3-7205-1944-9.

Das Gewisse Etwas
Die starke Persönlichkeit – eine Sache der Übung
Von Alfred J. Bierach

Alle haben es, das gewisse Etwas! Aber nur wenige können es richtig zur Geltung bringen. Dieses Buch zeigt, daß man es lernen kann. Es ermutigt Sie, Ihre Stärken kennenzulernen, sie selbstbewußt zu entwickeln und wirkungsvoll auszustrahlen. Eine Vielzahl praktischer Hinweise und Übungen zeigt Ihnen, wie Sie verborgenes Persönlichkeitspotential entfalten und zum Strahlen bringen können – im beruflichen und öffentlichen wie im privaten Leben. 210 Seiten, gebunden, ISBN 3-7205-1687-3.

Diese faszinierenden Bücher erhalten Sie in jeder Buchhandlung. Ein farbiges Bücher-Magazin mit Informationen zu den Büchern unseres auf Medizin, angewandte Psychologie und Esoterik spezialisierten Verlags können Sie gratis anfordern.

ARISTON VERLAG · KREUZLINGEN/MÜNCHEN

Hauptstraße 14, CH-8280 Kreuzlingen, Tel. 071/672 72 18, Fax 071/672 72 19
Boschetsrieder Straße 12, D-81379 München, Tel. 089/724 10 34, Fax 089/724 17 18